I0820930

El cociente agallas

Biblioteca

Dr. Mario Alonso Puig

El cociente agallas

Sé valiente, cambia tu vida

PAIDÓS

Obra editada en colaboración con Editorial Planeta - España

Diseño de portada: © Planeta Arte & Diseño
Adaptación de portada: Genoveva Saavedra García / aciditadiseño
Ilustración de portada: © Silja Goetz
Fotografía del autor: Cortesía del autor

Bajo el sello editorial PAIDÓS M.R.
Avenida Presidente Masarik núm. 111,
Piso 2, Polanco V Sección, Miguel Hidalgo
C.P. 11560, Ciudad de México
www.planetadelibros.us

Primera edición impresa en esta presentación: octubre de 2025
ISBN: 978-607-639-075-7

Impreso en los talleres de Bertelsmann Printing Group USA
25 Jack Enders Boulevard, Berryville, Virginia 22611, USA.
Impreso en EE.UU. – *Printed in the United States of America*

He aquí mi secreto. Es muy simple:
no se ve bien sino con el corazón.
Lo esencial es invisible a los ojos.

El Principito
ANTOINE DE SAINT-EXUPÉRY

Dedico este libro a todas aquellas personas que,
desde el auténtico amor y la verdadera voluntad
de contribuir, cuidan del cuerpo, de la mente
y del alma de aquellos otros seres humanos
a los que ven como a sus propios hermanos.

Índice

SEGUNDA ETAPA
SUPERARSE

TERCERA ETAPA
TRASCENDERSE PARA DESCUBRIRSE

Introducción

En Occidente tenemos la tendencia a analizar las cosas y olvidar que, aunque a veces resulte poco evidente, todas las cosas en la naturaleza están conectadas entre sí. Cuando decidí escribir este libro sobre la felicidad, era consciente de que, si no presentaba campos aparentemente distintos de una manera unificada, no podría compartir con mis posibles lectores aquello que tiene la capacidad de transformar nuestra vida, ayudándonos a disfrutar de un nuevo nivel de salud, energía y prosperidad.

Como médico y como *coach,* soy consciente de lo poco que se insiste durante la carrera de Medicina en aquello que potencia la salud y la felicidad. Compensar esta carencia ha sido un proceso muy largo, durante el cual he ido estudiando, reflexionando de una manera constante y también aprendiendo de la mano de los máximos expertos que he encontrado en el mundo. Por eso, en este libro vamos a explorar distintos campos que forman parte de una única y fascinante realidad: el ser humano.

Creo firmemente que muchos de los problemas a los que nuestra sociedad se enfrenta se desvanecerían por completo, si simplemente nos diéramos cuenta de la extraordinaria dignidad de la persona y del enorme potencial que existe dentro de ella.

Para comprender a la persona, es necesario aventurarnos y contemplar un paisaje único y excepcional. En este paisaje, lo primero que destaca es el organismo humano, nuestra biología. No puede menos que sobrecogernos la manera en la que los sesenta trillones de células que forman nuestro cuerpo se afanan cada día para proteger y sustentar eso tan precioso que es la vida. Dentro de esta asombrosa red de sistemas que interaccionan constantemente entre sí, nos topamos con ese tupido bosque de más de cien mil billones de «ramas» que es nuestro cerebro y que esconde, como un precioso tesoro, muchas de las claves para entender por qué teñimos la vida del color con el que lo hacemos. Los descubrimientos que se han realizado en el campo de la neurociencia afectiva son tan asombrosos y pueden tener tanto alcance en nuestra forma de vivir y en la prosperidad real que alcancemos, que es necesario y urgente que se conozcan y se compartan a todos los niveles.

Quedarnos, sin embargo, con la idea de que este paisaje material puede explicar por completo a la persona es como pensar que la materia oscura del Universo es igual a la nada. Creer que nuestros sentimientos más hermosos y nuestras emociones más profundas se pueden explicar exclusivamente como una interacción entre neuronas y neurotransmisores no parece hacer plena justicia a la realidad de las cosas. Por eso, si el ser humano fuera un ser abierto al infinito, también habríamos de explorar aquella dimensión, aquel paisaje que, por no ser material, se denomina espiritual. Cruzar este umbral entre la materia y el espíritu también es tarea de científicos; eso sí, de científicos que tengan una mente lo suficientemente abierta como para pensar que tal vez haya ciertas dimensiones de lo real que no son tan fáciles ni de pesar ni de medir.

Estoy plenamente convencido de que la auténtica felicidad no consiste sino en experimentar una nueva percepción de la vida y de la existencia. Esta nueva percepción surge al descubrir una forma distinta de mirar hacia aquello que somos y hacia aquello que nos rodea. Es así como tal vez lleguemos a ver la totalidad del mundo en un grano de arena, el paraíso en una flor, la eternidad en un instante y todo lo existente en la palma de una mano.

De la misma manera que no estamos hechos de una sola vez, sino que poco a poco nos vamos haciendo, esta experiencia de plenitud que es generadora de salud, de equilibrio y de prosperidad surge de cultivar poco a poco y dentro de nosotros una nueva manera de ser y de estar en el mundo.

DR. MARIO ALONSO PUIG
Madrid, mayo de 2013

Primera etapa

Conocerse y comprenderse

Siempre busqué fuera de mí la fortaleza
y la confianza que necesitaba,
hasta que comprendí que siempre
habían estado en mi interior.

Anna Freud

1
LO QUE SENTIMOS QUE NOS SUPERA

Comienza en donde estés.

JOHN CAGE

Si eres de esas personas que cuando algo les sale mal o cometen un error se hunden anímicamente y a las que les cuesta mucho recuperarse, quiero explicarte por qué te ocurre esto. También puedes ser alguien a quien no le resulte sencillo mantener su alegría y su ilusión cuando las cosas se ponen un poco cuesta arriba. Tal vez, lo que notes sea la sensación de que eres incapaz de orientar tu vida, porque tus circunstancias te zarandean como si fueras una veleta ante los caprichos del viento.

Entender por qué nos pasan las cosas es importante, si deseamos hacer algo para cambiarlas. Quiero que descubras, querido lector, cómo en tu cerebro y en tu corazón puedes encontrar las respuestas a muchas de tus preguntas. Mi objetivo es que juntos descubramos que el futuro no es algo con lo que nos encontramos, sino algo que nosotros creamos. Por eso, ante la incertidumbre y los cambios, no tenemos por qué vivir asustados, ya que dentro de nosotros existe todo lo que se necesita para ser feliz. Si estás pasando por una situación difícil, personal, familiar o profesional, quiero decirte que vas a encontrar un camino para salir fortalecido y mucho más consciente de tu extraordinario potencial y de tu verdadera grandeza. Si, por el contrario, eres una persona que estás a gusto con tu vida y que, sin embargo, quieres saber cómo desplegar la mejor versión de ti mismo, también esto podemos explorarlo juntos.

Quiero ser alguien que entre en tu vida y que te ayude a descubrir, si tú me lo permites, aquello que es necesario hacer para conseguir esas metas valiosas a las que tal vez aspires. Cuando te des cuenta de la enorme capacidad que tienes para influir en lo que te sucede, empezarás a valorarte en su justa medida.

Decía el doctor Weinstein, un magnífico cirujano con el que trabajé en Boston, que no hay nada más peligroso que un médico que no entiende lo que le pasa a su paciente. Yo añadiría que no hay un mayor impedimento para disfrutar de la felicidad que merecemos, que no entender lo que nos pasa cuando nos sentimos pequeños e impotentes. Es entonces cuando vamos de un lado a otro, como si fuéramos pollos sin cabeza.

Quiero que juntos exploremos el mundo de los afectos, porque son ellos los que tienen una importancia decisiva en el nuevo rumbo que puede tomar la segunda parte de nuestras vidas. Muchas personas, ante la incertidumbre en la que viven, están sufriendo una gran ansiedad y necesitan sentirse serenos, confiados y capaces. Tú vas a encontrar la claridad que necesitas para saber de qué forma puedes enfocar tu vida para que sea apasionante y tenga para ti un verdadero sentido.

¿QUÉ ES LO QUE NOS VIENE DE CUNA Y QUÉ ES LO QUE HEMOS APRENDIDO?

Hay un debate permanente en todo lo relativo a esta cuestión: ¿qué es lo que heredamos y qué es lo que aprendemos? Dicho debate se centra en averiguar qué parte de nuestra personalidad está determinada genéticamente y en qué medida esa misma personalidad está afectada por el entorno social y cultural en el que crecemos y nos desarrollamos. Por eso, vamos a reflexionar acerca de tres preguntas:

1. ¿Hasta qué punto hay personas que nacemos optimistas y otras que nacemos más pesimistas?, ¿a quién, ya al nacer, le ha tocado la lotería, y a quién, por el contrario, le ha tocado el desafío?
2. ¿Sería posible, de estar el pesimismo en nuestros genes, que tú y yo pudiéramos cambiar nuestra propia expresión genética y volvernos más optimistas?

3. Si nos fuera posible «reinventarnos genéticamente», ¿cómo lo haríamos?

Si tenemos en cuenta que, hasta no hace muchos años, ni siquiera entre los psicólogos se hablaba de emociones, no cabe duda de que adentrarnos en el estudio de este campo tan escurridizo exige que ambos, tú y yo, tengamos un verdadero espíritu pionero.

Para mí, hay cuatro personas que han revolucionado este campo conocido como «neurociencia afectiva» y que tanto nos ha ayudado a entender la relación entre nuestro cerebro, nuestra mente y nuestras emociones.

Una de estas personas es António Damásio, neurólogo y catedrático de Neurociencia en la Universidad del Sur de California, en Los Ángeles. Damásio, muy conocido por magníficos libros como *El error de Descartes,* nos ha enseñado que «no se pueden tomar decisiones si la razón y la emoción no van de la mano». Eso es debido a que las emociones y los sentimientos son un vehículo de información. Son nuestros sentimientos y nuestras emociones los que nos recuerdan aquellas experiencias afectivas que tuvimos en el pasado y que resuenan en lo que nos está sucediendo ahora, en el presente. Privados de esta información sobre lo que algo supuso para nosotros en épocas anteriores, nos sentimos inseguros a la hora de tomar decisiones en el presente. Recordemos que la «memoria emocional» está en funcionamiento en el niño incluso antes de haber nacido. «Los niños, dentro del claustro materno, están experimentando de diversas maneras las emociones de sus madres». Por eso hemos de darle un gran valor a nuestra intuición. Si tienes una corazonada, no te digo que la sigas al pie de la letra, sino que la escuches, que la valores y que investigues en la dirección que ella te señala. Hay gente que desprecia el valor de la intuición sin ser consciente de que la intuición no es sino un conocimiento directo de algo. Nuestro cerebro tiene muchas formas de conocer. Por supuesto que hay un conocimiento racional, pero también hay un conocimiento intuitivo.

Otra de las personas que más ha contribuido a nuestra comprensión de las emociones es mi querido y admirado Richard Davidson, psicólogo y catedrático en la Universidad de Wisconsin. Davidson ha descubierto que «cada uno de nosotros nacemos con un perfil emocional determinado». Esto quiere decir que algunos poseemos la tendencia innata a ver el aspecto positivo de la vida, y otros nacen con la tendencia contraria. Conocer nuestro propio perfil emocional y saber las implicaciones que esto tiene en la propia existencia nos abre el camino para averiguar cómo transformarlo si así lo decidimos.

La tercera persona a la que doy una gran relevancia en el campo de la neurociencia afectiva es al español Álvaro Pascual-Leone. Este médico valenciano, formado en Alemania y profesor de la Universidad de Harvard, es una eminencia mundial en el ámbito de la neuroplasticidad o generación de nuevas conexiones entre las neuronas. Como veremos más adelante, la neuroplasticidad es la respuesta de nuestro cerebro cuando tomamos la firme resolución de aprender a desplegar todas nuestras capacidades y todos nuestros recursos.

La cuarta persona a la que considero merecedora de un gran reconocimiento en el estudio de las emociones es Daniel Goleman. Este psicólogo formado en la Universidad de Harvard realizó un estudio sistemático y muy completo de lo que ciertos científicos estaban descubriendo en el terreno de la inteligencia y de las emociones.

2
Todos tenemos un cerebro de plastilina

Este es tu mundo. Si tú no lo moldeas, alguien lo hará por ti.

Gary Lew

Para ahondar más en lo que encierra este concepto extraordinario de la neuroplasticidad al que nos hemos referido en el capítulo anterior, quiero darte algunas cifras para que te maravilles ante esa estructura que tienes entre las orejas. No deja de sorprenderme con qué facilidad dudamos de nuestra inteligencia cuando no hay un solo ser humano que no sea inteligente y capaz, al menos en algo.

Nuestro cerebro está formado por 100.000 tipos distintos de neuronas, que existen en un número aproximado de unos 100.000 millones y que establecen alrededor de 100.000 billones de conexiones, conexiones a las que denominamos sinapsis. Consideremos que la mayoría de las neuronas de nuestro cerebro establece una media de 10.000 conexiones. Si además del cerebro consideramos otras estructuras, como el cerebelo, el tronco cerebral o la médula espinal, el número de neuronas y de conexiones entre ellas se multiplica hasta alcanzar cifras que parecen imposibles. «No es de extrañar que muchos científicos consideren al cerebro como la obra más grandiosa que existe en el Universo». Por eso, si alguien te ha dicho alguna vez que no eras inteligente, es sencillamente porque no te conoce. Si de verdad te conociera, no podría hacer un juicio tan absurdo.

Dada su complejidad, durante muchos años se dio por hecho que las neuronas no podían reproducirse como lo hacen otras células menos sofisticadas del cuerpo. Tengamos en cuenta, por ejemplo, que ninguna de las células que constituyen el intestino de una persona adulta es igual a las que ese individuo tenía cuando era un niño. Sin embargo, la complejidad de una célula intestinal no se puede ni comparar con la de una neurona. No obstante, lo que sí se observó fue que «en ciertos lugares del cerebro sí se formaban nuevas neuronas». Si las neuronas no se reproducen, ¿de dónde procedían estas nuevas neuronas?

Gracias a una sorprendente casualidad, se descubrió que lo que ahora eran nuevas neuronas no lo habían sido en el pasado. Estas células habían sido en su origen células madre, células indiferenciadas, capaces de transformarse en nuevas neuronas. Estas células madre se encuentran alrededor de las cavidades cerebrales, los llamadas ventrículos, y son capaces de emigrar hacia otras estructuras cerebrales donde comienzan su proceso de transformación en neuronas. Cuando mantienes la ilusión, cuando te atreves a superar tu miedo, cuando das un paso adelante en medio de la ambigüedad y de la incertidumbre, cuando sales de tu zona de confort y aprendes cosas nuevas, estás favoreciendo que esas células madre se transformen en neuronas y tú te conviertas, si cabe, en una persona aún más capaz.

Fred Cage, del Instituto Salk, en La Joya (San Diego), es uno de los grandes pioneros en el estudio de la neurogénesis o generación de nuevas neuronas a partir de células madre. Cage ha demostrado también la manera en la que la estimulación y el ejercicio físico en ratones pueden multiplicar por tres el número de neuronas en su hipocampo. Por otra parte, el doctor Peter Eriksson, de la Universidad de Gotemburgo (Suecia), demostró, mediante la utilización de una sustancia fluorescente que únicamente se incorpora a las células nuevas que se forman en el cerebro, que «el proceso de neurogénesis se produce en humanos a lo largo de toda la vida». No han pasado muchos años desde que se hicieron estos extraordinarios descubrimientos. Por eso, tengas la edad que tengas, no te creas incapaz de adaptarte a los cambios o aprender un idioma nuevo. Claro que puedes, lo que pasa es que para ello has de esforzarte y tener paciencia. La neurogénesis no es un fenómeno que suceda de forma inmediata, sino que es todo un proceso y por eso lleva su tiempo.

Este proceso de neurogénesis dura unas tres semanas de media y, por eso, empezar a desarrollar un nuevo hábito lleva también este tiempo. De momento, se ha observado que la neurogénesis tiene lugar tan solo en dos lugares del cerebro: el bulbo olfativo y el hipocampo. Nosotros tenemos dos bulbos olfativos que recogen los olores y los aromas; de ahí, la información llega fundamentalmente a nuestro sistema límbico o cerebro emocional. Por esta razón el olfato tiene un componente tan emotivo y puede evocar tantos recuerdos.

Unos caballitos de mar muy especiales

La segunda sección del cerebro donde se ha observado que tiene lugar la neurogénesis son los hipocampos, llamados así por su forma de caballito de mar; son estructuras cerebrales esenciales para aprender cosas nuevas. Los hipocampos, además, ejercen un control sobre los centros amigdalinos, que están justo delante de ellos y que son los que generan la emoción de miedo. Por eso, cuando con ilusión, persistencia y paciencia vas en pos de tus sueños, al favorecerse la neurogénesis, también está aumentando el grosor de tus hipocampos. Esto quiere decir que cada vez vas a sentirte más valiente y, por tanto, vas a poder actuar con más decisión y audacia. Por eso William James, el padre de la psicología anglosajona, decía: «Atrévete a pesar de tu miedo y te acabarás sintiendo valiente».

Además, estas nuevas conexiones entre las neuronas, que son en gran medida fruto de tu determinación a hacer frente a los retos, son capaces de cambiar recuerdos antiguos que tal vez estaban dañando tu autoestima. Esto va a favorecer que, con el tiempo, te sientas cada vez más sereno, confiado y capaz. ¡Qué acertada la frase de José Ortega y Gasset!: «No somos un participio, sino un gerundio». No estamos hechos de una vez, sino que poco a poco nos vamos haciendo. Hacerse es un proceso y, por eso, tenemos que ser constantes y mantener la fe en nosotros mismos y en nuestras posibilidades. Tú, si quieres, a base de este entrenamiento en fortaleza mental, emocional y espiritual, naturalmente que puedes transformar tu forma de ser.

Además de la neurogénesis o formación de nuevas neuronas a partir de las células madre, también hay que recordar lo que acabamos de decir relativo a que las neuronas pueden formar nuevas sinapsis o conexiones con otras neuronas. Aunque la creación de nuevas sinapsis es más intensa en la infancia y en la adolescencia, afortunadamente dura toda la vida. Por eso, graba a fuego en tu mente que «jamás es tarde para aprender algo nuevo». No dejes que nadie te convenza de lo contrario. En esta vida hay demasiados «ladrones de sueños». Todos sabemos que hay ladrones que roban dinero, que engañan y estafan. También hay ladrones de sueños, personas especializadas en decirnos todo lo que nunca llegaremos a alcanzar. No nos creamos lo que nos dicen, porque hay muchas personas que escucharon este tipo de mensajes y, como no lo creyeron, hicieron de su vida un ejemplo de grandeza. ¡Cuántas personas, sin embargo, porque asumieron lo que les decían, dejaron de esforzarse y nunca mostraron su mejor versión!

Es precisamente en este tema tan importante de la neuroplasticidad donde Álvaro Pascual-Leone es una verdadera autoridad a nivel mundial. Uno de los estudios más curiosos que realizó, en el hospital Beth Israel de Boston, se hizo comparando a personas que estuvieron tocando el piano con los cinco dedos de una mano con personas que solo visualizaron, que solo imaginaron que lo hacían. Se les hizo a todos ellos una resonancia funcional magnética antes y después del experimento para ver qué sucedía en sus cerebros, y se comprobó que en ambos grupos la corteza motora, que es la responsable del movimiento de los dedos, se había expandido. Esto quiere decir que, tanto en el caso de la acción física de tocar el piano como en la visualización, se había producido un incremento de las conexiones entre las neuronas; es decir, un aumento de la neuroplasticidad. Por eso, si te animas a vivir nuevas experiencias y a aprender cosas nuevas, pondrás en marcha tu neuroplasticidad.

Otra propuesta que te quiero hacer antes de terminar este capítulo es que practiques ejercicio físico y, si te da pereza, que por lo menos te muevas más. El «movimiento» es importante, porque durante el mismo se segrega BDNF *(Brain-Derived Neurotrophic Factor).* Este factor neural favorece tanto la formación de nuevas conexiones entre las neuronas como el proceso de neurogénesis. El ejercicio físico, por tanto, favorece la neuroplasticidad. La «meditación» tiene también un claro impacto positivo en lo que a neuroplasticidad se refiere, aunque la hayas practicado tan solo durante ocho semanas. Por eso, además del ejercicio físico, te recomiendo que reserves cinco minutos por la mañana, cuando ya estés un poco despierto, para conectar contigo mismo. Sigue simplemente el ritmo de tu respiración y observa atentamente lo que notas en las distintas partes de tu cuerpo. Familiarízate con ese estado interno de tu cuerpo y experimentarás claros beneficios en tu salud, en tu claridad mental y en tu autoestima. Esta práctica, llamada *mindfulness,* además mejora la capacidad de concentración y el aprendizaje.

3
El color de nuestra mirada

Consulta no a tus miedos, sino a tus sueños.

JUAN XXIII

El terreno de la inteligencia y de las emociones es un tema que me resulta muy interesante, ya que siempre he sido consciente de la manera en la que se bloquea nuestra inteligencia cuando estamos asustados. Daniel Goleman publicó el resultado de sus investigaciones en el conocido y revolucionario libro *Inteligencia emocional,* en el que describía con gran claridad el impacto que tienen las emociones en el funcionamiento de nuestro intelecto.

El mapa de nuestras emociones

Decía un científico de la talla de Newton que, para llevar a cabo sus descubrimientos, él se había subido a hombros de gigantes. Muchas de las grandes revelaciones científicas que conocemos han sido el resultado de ir conectando otros descubrimientos más pequeños con el genio particular del investigador. Ha habido algunas investigaciones que han dado pistas muy interesantes sobre el mundo de las emociones y su impacto en nuestra vida. Una de ellas es la de Guido Gainotti, de la Universidad de Perugia (Italia), que mostraba cómo lesiones producidas por embolias o trombosis de la región prefrontal izquierda del cerebro, justo la parte que está detrás de la frente y encima del ojo izquierdo, iban seguidas de tristeza, falta de iniciativa y desesperanza. Sin embargo, cuando un tipo similar de lesión ocurría en la región prefrontal derecha, los enfermos se reían de una manera que era evidentemente patológica. Por primera vez, alguien localizaba con claridad algunas de las regiones del cerebro que son responsables de que experimentemos ciertas emociones.

A partir de sus observaciones, uno de los descubrimientos más interesantes que hizo el doctor Richard Davidson, que conocía muy bien los estudios de Gainotti, fue que, cuando vemos cosas tristes o le damos vueltas a pensamientos negativos, la parte del cerebro que se muestra más activa es nuestra región prefrontal derecha. Siempre que nos dejamos envolver por esas conversaciones que solo hablan de lo mal que está todo, de nuestra incapacidad para avanzar, de la ausencia de salidas, estamos favoreciendo que aumente en nosotros esa región cerebral que tiende a ver siempre el vaso medio vacío. Es importante que lo sepamos, para que, si así lo decidimos, aprendamos primero a detener esos discursos negativos y a generar después otros más ilusionantes y productivos.

Tal vez te preguntes cómo se puede saber con tanta precisión qué es lo que pasa en nuestro cerebro. Te diré que, con las técnicas modernas de electroencefalografía y de resonancia funcional magnética, se puede tener una idea bastante precisa de cuáles están siendo las partes del cerebro más activas. Estas tecnologías son como una ventana que nos permite observar lo que ocurre en nuestro cerebro cuando tenemos ciertos pensamientos o llevamos a cabo diversas actividades. Vamos por eso a investigar ahora, y en base a dichas técnicas, el poder y el alcance de tu sonrisa.

Todos sabemos que la sonrisa es algo muy importante, sobre todo cuando hablamos de la sonrisa auténtica y no de la fingida. A la sonrisa auténtica se la conoce también como «sonrisa de Duchene». Duchene publicó en 1862 que la sonrisa auténtica era aquella en la que se contraía el músculo que rodea a los ojos. Este músculo que al contraerse arruga el rabillo del ojo es un músculo involuntario y, por tanto, solo se contrae cuando uno verdaderamente tiene una sensación de felicidad. Pues bien, cuando sonreímos de verdad, aumenta la actividad de la región prefrontal izquierda. Si la región prefrontal derecha es generadora de emociones negativas, la región prefrontal izquierda es generadora de emociones positivas. Por eso es tan saludable sonreír, porque cada vez que sonríes estás favoreciendo que aumente la actividad prefrontal izquierda. Esto no solo hace que te sientas más alegre y confiado, sino que además transmites esa alegría y esa confianza a las personas que te rodean. Por eso, te propongo que hagas de sonreír a las personas un hábito diario. Ten en cuenta, además, que hay muchas personas que viven asustadas y a la defensiva. Tu sonrisa les transmite un mensaje muy claro: «Yo no soy tu enemigo». No pensemos que, porque algo parezca de entrada tan sencillo, no cueste practicarlo; tampoco creamos que lo que es aparentemente una simple sonrisa no pueda tener un efecto transformador tan poderoso.

William James, el padre de la psicología anglosajona y catedrático de la Universidad de Harvard, sostenía que «nosotros, con nuestra conducta, con nuestra manera de comportarnos, podíamos cambiar la forma en la que nos sentimos». Si este comentario lo aplicamos a la sonrisa, lo que quiere decir es que, si lo natural cuando estoy contento es que sonría, también cuando elija sonreír, aunque de entrada no me apetezca, acabaré sintiéndome más contento. Por eso, «si aprendes a gestionar tu cara, también podrás gestionar tus emociones».

¿Por qué tú y yo reaccionamos como lo hacemos?

Los estudios de Davidson con bebés indican que nacemos con la diferencia ya señalada en cuanto a la forma en que reaccionan ambos hemisferios cerebrales.

Para realizar estos estudios, se dispone sobre la cabeza del bebé un gorrito especial con electrodos y se le ofrece al niño una solución azucarada, que le gusta, o una solución con zumo de limón, que le disgusta. Cuando sobre los labios de los bebés se ponían unas gotitas de la solución azucarada, se activaba intensamente la región prefrontal izquierda, reflejando el agrado que sentían. Cuando la solución contenía gotas de zumo de limón, se activaba la zona prefrontal derecha, también como reflejo del desagrado que estaban experimentando.

La conclusión que se puede sacar de estos estudios es que, si queremos disfrutar con más frecuencia de emociones como la alegría, la serenidad, el valor y la confianza, también tenemos que hacer cosas que estimulen la región prefrontal izquierda y que, de alguna manera, reduzcan la actividad de la región prefrontal derecha. No quisiera que te llevases la impresión de que la región prefrontal derecha es la mala y la región prefrontal izquierda es la buena; lo que me gustaría es que fueras simplemente más consciente de cómo la actividad cerebral afecta a tu forma de sentir.

Los estudios de Richard Davidson no solo demostraron que nacemos con unas zonas prefrontales que manejan emociones distintas, sino que, además, hay personas que tienen una actividad más intensa en una de las dos áreas del cerebro. Cuando Davidson mostraba vídeos con escenas cómicas a una serie de voluntarios, algunos de ellos presentaron una actividad prefrontal izquierda mucho más marcada que los otros. Ello indicaba que estaban disfrutando mucho más con esas escenas divertidas que el resto de sus compañeros. Sin embargo, cuando las escenas eran tristes, estas mismas personas se entristecían menos que los otros. Por eso, potenciar la actividad prefrontal izquierda hace que los momentos duros de la vida los llevemos un poco mejor.

No sé si eres de esas personas optimistas y que irradian alegría. Si lo eres, da por hecho que, por nacimiento, por entrenamiento o por ambos, tienes una gran ventaja competitiva. El mundo necesita personas como tú, que irradien confianza y entusiasmo. Si, por el contrario, eres alguien que tiende a ver el lado sombrío de las cosas, tienes dos opciones. La primera es resignarte y la segunda es superarte. Si te entrenas como te voy a ir sugiriendo a lo largo de estas páginas, dentro de unos meses o de unos años empezarás a descubrir oportunidades para ser feliz que antes te estaban completamente veladas.

Voy a resumir lo que hemos visto hasta ahora, para que puedas hacer tu propia valoración sobre qué parte del cerebro es en ti la que manda.

Si la parte que manda en ti es la región prefrontal izquierda, entonces lo normal es que también se manifiesten en ti los siguientes rasgos:

1. Sensación de ser capaz de hacer frente a los retos y a los desafíos que puedas encontrar en tu cami-

no. Sabes, eres consciente de que tienes unos buenos recursos y unas claras fortalezas.
2. Te sientes alegre e interesado frente a la mayor parte de las cosas.
3. Cuando te levantas por la mañana y a lo largo del día, tiendes a enfocarte y a pensar en lo que va a salir bien y no en lo que te puede salir mal.
4. Te gusta acercarte a lo nuevo y explorar. Los cambios, en general, te gustan porque los ves como oportunidades para aprender y progresar.
5. Tienes una tendencia natural a buscar el lado positivo de las cosas. No es que no veas lo que está mal, sino que te fijas más en lo que está bien.
6. Te gusta hacer planes y proyectos que te ayuden a desarrollarte como persona y como profesional.

Si la parte que manda en ti es la región prefrontal derecha, no desesperes porque te aseguro que hay mucho que podemos hacer. Parece de sentido común que, para saber cuál es el camino, qué camino hemos de seguir para superarnos, no basta solo con conocer nuestra meta, sino que también es importante reconocer nuestro punto de partida. Por eso, observa si puedes reconocer en ti los siguientes rasgos.

1. Sentimientos de inseguridad y desconfianza cuando te enfrentas a algo nuevo.

2. Ansiedad, angustia, ira, miedo cuando estás ante un problema o cuando piensas en qué harás si aparece un problema.
3. Tendencia a enfocarte en lo que puede salir mal y en las consecuencias, si fracasas.
4. Inseguridad ante aquello que no conoces bien o que supone un reto para ti. Búsqueda casi obsesiva de la seguridad y el control. Clara aversión al riesgo.
5. Tendencia a la preocupación y al desánimo cuando cometes incluso pequeños fallos.

Todos estamos entre el blanco y el negro

Si nos paramos y reflexionamos sobre lo visto hasta ahora, podemos recordar que hay dos grandes tipologías de personas. Por un lado, están aquellas que, como son más positivas, tienen una verdadera confianza en lo que el futuro les va a deparar y, aunque saben que en la vida hay siempre sucesos inesperados y contratiempos, tienen confianza en que, cuando aparezcan, ellos serán capaces de hacerles frente. Se trata de seres humanos que disfrutan mucho con las pequeñas alegrías de cada día. También se trata de personas que se recuperan más fácilmente de los reveses. Tal vez tú seas una de ellas. Si lo eres, tienes mucho conseguido. No obstante, no te confíes, porque en el cerebro lo que no se utiliza se pierde. Por eso, sigue buscando el aspecto positivo de las cosas y no te duermas en los laureles, porque hay algunas personas a las que no les gusta tener a gente alegre y positiva a su alrededor. Busca compañías que sumen, no que resten. Aunque te puedan criticar por ello, nunca te avergüences por mostrar tu alegría. Muchas veces, la crítica no es nada más que una envidia encubierta.

Por otro lado, tendríamos también a aquellas otras personas que suelen estar tristes y alicaídas y que normalmente solo ven el lado oscuro de la realidad. Son personas que miran al futuro con un grado elevado de sospecha y de recelo. Por eso, se concentran constantemente en lo que puede ir mal y no en lo que podría salir bien. Hablamos también de personas a las que les cuesta mucho recuperarse tras los errores o las adversidades. Si tú eres una de ellas, no puedo decirte que tienes mucho conseguido, pero sí puedo decirte que tienes mucho por conseguir y que, cuando lo hagas, te darás cuenta de que el esfuerzo ha merecido ampliamente la pena.

Recuerda que lo que hasta ahora hemos hecho juntos ha sido un simple diagnóstico de dónde estamos cada uno en relación con el perfil emocional. Descubrirás que, si encuentras un verdadero motivo y te entrenas, puedes llegar a transformar las emociones que predominan en tu vida. Recuerda que, si cambias tu mente, cambias tu vida.

4
Los seis perfiles emocionales

Prométete a ti mismo que serás lo suficientemente fuerte para que nada te robe tu paz interior. Mira al lado positivo de todo. Piensa solo en lo mejor, trabaja solo para lo mejor y espera solo lo mejor. Dedica tanto tiempo a mejorarte que no tengas tiempo para criticarte. Ten fe en que el mundo está a tu lado, siempre que seas fiel a lo mejor que hay en ti.

Christian D. Larson

A base de estudiar diversos grupos de personas que se prestaron como voluntarios, el doctor Davidson y su equipo pudieron ver que dentro de estas dos tendencias que hemos analizado en el capítulo anterior, y que nos llevan a fijarnos en el lado luminoso o en el lado sombrío de la vida, también había algunas variaciones que permitían ampliar estos perfiles emocionales de dos a seis. Estos nuevos perfiles ya no solo tendrían su reflejo anatómico en las regiones prefrontales del cerebro, sino que habría también implicadas otras áreas.

Los seis perfiles detectados reflejan el grado en el que unas determinadas capacidades emocionales están en mayor o menor grado desarrolladas. Este desarrollo tiene una correspondencia anatómica en la mayor o menor actividad de unas áreas cerebrales específicas.

Estas capacidades emocionales son las siguientes:

1. Capacidad de mantener el ánimo y de recuperarlo en medio de la dificultad y la adversidad. Correspondería a lo que denominamos *resiliencia.*
2. *Dominio de la atención.* Saber enfocarse en metas y persistir hasta alcanzarlas. Gracias a esta capacidad, una persona puede estar lo suficientemente atenta como para darse cuenta de lo que está ocurriendo en una determinada situación y evitar que se produzcan aquellas distracciones lamentables que le impedirían captar una información esencial. Dado que la capacidad de mantener la atención también tiene una gran relación con la capacidad de gestionar las propias emociones, el desarrollo de esta capacidad de estar atento precisa igualmente del desarrollo de otra capacidad que es la del autogobierno.
3. *Autogobierno,* definido como la capacidad de conocerse y entenderse. Implica no solo una comprensión de las propias emociones, sino también la capacidad de gestionarlas.
4. *Agudeza sensorial,* entendida como la capacidad de captar las señales emocionales, a veces sutiles, que emiten los demás y que reflejan lo que esas

personas están sintiendo en un momento determinado.

5. *Adaptación al entorno,* reflejado en la capacidad para comprender los patrones que operan en un determinado contexto, en una determinada situación. Esta capacidad permite entender, por ejemplo, las reglas que imperan en una cierta cultura, lo que permite mostrar una sensibilidad hacia estas normas culturales que de otra manera no podría exhibirse.
6. *Duración y estabilidad de las emociones positivas.* De alguna manera, esta capacidad implica mantener viva la alegría, la ilusión, la serenidad o el entusiasmo.

Cada uno de nosotros puntuaríamos de una forma diferente en relación con cada una de estas seis capacidades. Así, tendríamos, por ejemplo, en uno de los extremos a aquella persona a la que sus alegrías le duran un instante antes de caer de nuevo en el pesimismo. En el otro extremo se situarían aquellas otras personas que se sienten alegres y se mantienen alegres por las pequeñas cosas de cada día.

En un mundo como el actual, tan marcado por el cambio, la ambigüedad y la incertidumbre, podemos entender la importancia que tiene puntuar alto en estos seis perfiles emocionales. La capacidad de alcanzar metas difíciles, de mantener el ánimo alto a pesar de los obstáculos y de comprender aquellos elementos clave en un mundo en perpetuo cambio resulta esencial y, si no se tiene, hay que aprender a desarrollarla.

Hoy, con la globalización existente, es más importante que nunca saber trabajar en equipos multidisciplinares y multiculturales. Por eso, tener agudeza sensorial es un paso necesario para poder empatizar con los demás.

Si en el capítulo anterior habíamos visto que nacemos ya con una tendencia a ver el vaso medio vacío o medio lleno, lo que hemos analizado en este capítulo es que hay una serie de categorías en las que podemos puntuar de forma distinta. Podemos, por ejemplo, ser personas que normalmente tengamos una cierta aversión al riesgo y que, sin embargo, estemos también dotadas de una gran agudeza sensorial. Por eso es necesario que extendamos nuestro conocimiento del cerebro y añadamos a lo que ya sabemos acerca de la manera en que las regiones prefrontales afectan a nuestras emociones, una comprensión más amplia del papel que también juegan otras estructuras cerebrales en relación con nuestro mundo afectivo.

5
NUESTRA AVERSIÓN AL RIESGO

Salta y la red aparecerá.

CITA ZEN

Dado que los estudios iniciales del doctor Davidson se habían centrado fundamentalmente en las áreas prefrontales del cerebro y, habiendo observado que, ante el mismo evento, la activación del córtex prefrontal en unas personas podía llegar a ser treinta veces mayor que en otras, parecía lógico intentar averiguar en qué circuito emocional estaban involucradas dichas áreas.

Consideremos que tradicionalmente se había considerado a la corteza prefrontal como un área muy implicada en el análisis, en la toma de decisiones, en la proyección del futuro y en el aprendizaje. Asimismo, se sabe desde hace tiempo que la memoria de trabajo, la que nos permite recordar por unos instantes un número de teléfono nuevo, está localizada en el área prefrontal. Además, el área prefrontal es esencial en la atención selectiva, es decir, en el proceso que nos lleva a concentrarnos en un aspecto de la realidad y a descartar los otros. Por eso en los niños con síndrome de déficit de atención se ha observado una menor actividad en la región prefrontal. Sin embargo, como hemos visto, los estudios de los profesores Gainotti, Damásio y Davidson mostraron con bastante claridad el hecho de que «las áreas prefrontales de la corteza cerebral tenían además una relevancia extraordinaria en la vida emocional de las personas».

Las amígdalas que no hay que extirpar pero que sí tenemos que entrenar

Si tenemos en cuenta que el centro emocional de nuestro cerebro es el denominado sistema límbico, llamado así por su forma de anillo, es lógico pensar que, de alguna manera, estas áreas prefrontales tenían que interactuar con algunas de las estructuras más importantes de dicho sistema límbico. Si no fuera así, la activación de las áreas prefrontales difícilmente podrían tener tanta expresión emocional.

Tenemos que hacer aquí una pequeña parada, precisamente para estudiar una de esas estructuras que pertenece al sistema límbico y que tiene una enorme repercusión en el mundo emocional. Se trata de la amígdala, una estructura par, situada en la parte más anterior del lóbulo temporal del cerebro.

La amígdala recibe una gran cantidad de información de los cinco sentidos, información que ha de evaluar emocionalmente para saber si eso con lo que nos encontramos es algo beneficioso o perjudicial para nosotros. La amígdala tiene partes muy diferenciadas y una de las emociones que puede producir la activación de algunas de estas partes es la de placer intenso. Esto es debido a la existencia de células con receptores para los opiáceos endógenos. Los opiáceos endógenos son unas moléculas que, al acoplarse a los receptores de la membrana neuronal, generan una intensa sensación de placer y una inhibición del dolor.

Sin embargo, otras partes de la amígdala, sobre todo en la región lateral, cuando son estimuladas producen reacciones de miedo o de ira y conducta agresiva. De hecho, se ha observado que la destrucción de la amígdala de ambos lados en gatos y monos se asocia a la aparición de una extrema docilidad. La amígdala, además de ser esencial a la hora de determinar el componente emocional que tienen para nosotros ciertos eventos externos, también tiene un papel muy importante tanto para captar las señales afectivas no verbales que emiten otras personas, como para seleccionar la conducta más apropiada en un determinado contexto cultural.

Es, en este sentido, muy característico lo que pasa a veces en las parejas. No es nada extraño que, cuando un hombre le presenta a su mujer un amigo, la mujer pueda manifestarle, una vez que ese amigo se ha marchado, que hay algo en esa persona que a ella no le gusta. Los hombres haríamos bien en valorar esta información que nos dan nuestras mujeres. Es cierto que nuestras mujeres tal vez no nos puedan dar una explicación racional de por qué nuestro amigo no les gusta. Sin embargo, hay algo que ellas ven que no encaja. Es oportuno decir que en el cerebro de la mujer, y a nivel de la amígdala, existe una mayor capacidad para reconocer cuándo hay una incongruencia entre lo que manifiestan las palabras y lo que expresa el lenguaje no verbal, esto es, el tono y los gestos. Hay alguien que puede declararse nuestro amigo y, no obstante, no sentir ningún afecto por nosotros. Con sus palabras expresará su supuesta amistad y, sin embargo, su tono y sus gestos revelarán sutilmente lo que de verdad siente hacia nosotros.

La lesión bilateral de la amígdala reduce mucho el interés por la interacción social. En lo que se refiere al lenguaje, la amígdala es especialmente sensible a las diferencias de entonación, que de alguna manera reflejan el estado emocional de la persona que está hablando. Esta característica es muy notable en la amígdala derecha.

Richard Davidson empezó a sospechar que gran parte de las fibras nerviosas que iban de la corteza prefrontal izquierda hasta la amígdala tenían como misión bajar la actividad de esta. Una persona con una actividad intensa de la amígdala tendría una tendencia muy marcada a buscar peligros por todas partes y por eso exhibiría una conducta excesivamente cautelosa, con una clara aversión al riesgo. Sería alguien que estaría en un estado de vigilancia constante porque su umbral de riesgo sería muy bajo. Si observamos que nosotros respondemos al mundo que percibimos, la persona que tiene una activación intensa de la amígdala está permanentemente a la defensiva, al tener la percepción de encontrarse en un mundo hostil. No cabe duda de que una amígdala excesivamente activa no favorecería ni una visión optimista de la vida ni el desarrollo de un espíritu emprendedor. Tampoco parecería sensato pensar que una persona con una amígdala muy activa se recuperaría fácilmente después de los tropiezos, ya que respondemos de acuerdo a lo que percibimos. Quien cree que vive fundamentalmente en un mundo sombrío, nunca encontrará tiempo para relajarse y disfrutar de un momento de paz y alegría. Afectados por esta visión sombría de la vida, es muy difícil tener energía, determinación y persistencia para embarcarse en proyectos o para tratar de alcanzar ciertas metas.

Los estudios en neurociencia afectiva demuestran que en aquellas personas que tienen una visión más optimista de la vida, que se recuperan más rápidamente después de las pérdidas y que asumen con mayor facilidad riesgos en la vida, hay un mayor control de la amígdala por parte de la región prefrontal izquierda. De hecho, en estas personas hay más fibras nerviosas que viajan desde las neuronas de la región prefrontal hasta las neuronas de la amígdala que en aquellas otras personas cuya amígdala está especialmente activa.

Voy a pararme aquí porque quiero asegurarme de que te estás dando cuenta de que hablamos de algo muy importante para tu vida y la mía. Hemos visto que, si nos vemos como personas a las que les cuesta levantarse después de las caídas porque nos descorazonamos con facilidad, y si, además, reconocemos que nos falta espíritu emprendedor y que vivimos tensos y preocupados, ello puede deberse a que nuestras amígdalas, sobre todo la amígdala derecha, tienen una actividad demasiado intensa.

Si nuestra área prefrontal derecha es la que manda, empujándonos a ver un mundo sombrío y peligroso, y, encima, nuestras amígdalas están especialmente activas, ¿qué es lo que podemos hacer? Entrenar, potenciar, ensanchar nuestra corteza prefrontal izquierda para que reduzca la actividad de la corteza prefrontal derecha y de las amígdalas, ya que la corteza prefrontal izquierda tiene sobrada capacidad para hacerlo.

Este objetivo, esta meta, se alcanza cultivando la atención para buscar el lado positivo de las cosas, utilizando más palabras estimulantes y menos palabras negativas, haciendo ejercicio físico, meditando, usando la imaginación para visualizarnos frente a los retos como personas serenas, confiadas y capaces, aprendiendo a descansar, teniendo una ilusión, un verdadero propósito por el que vivir, cultivando la sonrisa, cuidando nuestra alimentación, hablando más unos con otros, aprendiendo a reírnos más, aprendiendo también a quitarle un poco el hierro a las cosas y, finalmente, cooperando con otras personas y ayudándolas a tener unas vidas más plenas.

6
El circuito de las emociones

La vida no consiste en encontrarte, sino en crearte.

Anónimo

De todas maneras, la interacción entre la corteza prefrontal y la amígdala, por sí sola, no serviría para explicar todas las diferencias en los seis perfiles emocionales observados por el doctor Davidson. Hay que invitar a que entren en escena nuevos actores, nuevas estructuras del cerebro cuyo funcionamiento afecta de distinta manera a nuestro mundo afectivo, a nuestra capacidad de mantener la atención en lo relevante y a la posibilidad de empatizar con los demás y de entender las distintas claves socioculturales.

Los cuatro nuevos actores, las cuatro nuevas estructuras cerebrales que, según se sabe hoy en día, tienen un gran impacto a nivel emocional son:

a. La circunvolución fusiforme
b. El hipocampo
c. La ínsula de Reil
d. El núcleo accumbens

Todas ellas tienen un papel muy relevante en lo que podríamos denominar «el teatro de nuestras emociones».

La *circunvolución fusiforme* es de gran importancia para captar señales sociales. Cuando hay una actividad intensa de la circunvolución fusiforme del lóbulo temporal y hay una actividad baja de la amígdala, la persona capta con facilidad las claves del contexto cultural en el que está, lo cual le permite comportarse de una manera correcta y adaptativa en dicho contexto. De lo contrario, transgrediría normas sociales que generarían hacia ella un claro rechazo por parte de las otras personas.

Hay un cuadro clínico, el *autismo,* del que algo hemos hablado y que, entre otras cosas, se caracteriza por una gran dificultad para captar lo que otras personas sienten. Uno de los rasgos más característicos de los niños que tienen autismo es que no miran a los ojos de las otras personas, con lo cual es muy difícil que puedan saber lo que esas personas sienten. Cuando se ha estudiado mediante resonancia funcional magnética a niños con autismo, se han hecho dos descubrimientos de gran interés:

El primero es que existe una reducción en la actividad de la circunvolución fusiforme, la cual, como ya hemos visto, juega un importante papel a la hora de captar las señales emocionales que procesan otras personas.

El segundo es que existe una activación muy marcada de la amígdala. «Esto puede hacer pensar que estos niños se sienten atemorizados frente a otras personas y por eso su mirada es huidiza».

Recordemos que la amígdala reacciona intensamente frente a los rostros que inspiran poca confianza y expresan temor. También reacciona con más intensidad frente a los rostros de otros grupos raciales diferentes al nuestro. En los niños con autismo se produce una especie de círculo pernicioso en el que el miedo les impide mirar a los ojos de las otras personas y, al no mirarlas, tampoco pueden descubrir lo que esas mismas personas realmente sienten.

Por eso la sonrisa es tan importante. La sonrisa, sobre todo cuando es auténtica, la sonrisa de Duchene, a la que nos hemos referido ya, está transmitiendo a la otra persona que somos amigos y que, por tanto, no tiene nada que temer. Lo que nos roba la felicidad es nuestro miedo. Cuando aprendemos de verdad a conectar con los demás, todos experimentamos tranquilidad y confianza.

Reconocer lo familiar

Pasemos ahora a estudiar otra estructura cerebral perteneciente al sistema límbico y que tiene también una gran notoriedad en nuestra vida emocional. Se trata del *hipocampo,* esa estructura con aspecto de caballito de mar que se esconde en las profundidades del lóbulo temporal. Recordemos que, cuando hablamos del concepto de neuroplasticidad, dijimos que el hipocampo era uno de los dos lugares del cerebro donde se había evidenciado neurogénesis, esto es, la formación de nuevas neuronas a partir de células madre. También hemos visto el papel esencial que el hipocampo tiene en la memoria y el aprendizaje. Nos toca ahora entrar con profundidad y rigor en el papel que juega el hipocampo en el mundo de las emociones.

«Todos nosotros nos sentimos especialmente cómodos y seguros en entornos que nos resultan familiares». En ellos no esperamos sorpresas y tenemos la sensación de que controlamos las cosas. Esto hace que sea más fácil relajarse y permanecer sereno y tranquilo. Esta capacidad de reconocer un contexto, una situación, como familiar depende en gran medida del hipocampo. Si el hipocampo no funciona de una manera adecuada, podemos ponernos tensos en lugares donde normalmente muchas otras personas se sentirían cómodas. Hay mucha gente que se siente profundamente incómoda en reuniones, en fiestas, en centros comerciales. Estas situaciones y lugares comunes no son percibidos así por ellos, y por eso se sienten inseguros, expuestos y vulnerables. Se trata de una forma de percepción en la que ese contexto, esa situación, ese lugar, lejos de verse como familiar, se ve como potencialmente amenazador.

Tras las guerras de Vietnam y Corea, se observó un nuevo trastorno mental en muchos de los soldados que volvían a casa después de haber combatido en aquellos lejanos países. Ante sonidos como el de una perforadora en la calle, estos seres humanos caían presa del pánico y se acurrucaban sobre sí mismos, permaneciendo inmóviles y temblorosos. Este cuadro clínico se etiquetó como Síndrome de Estrés Postraumático (PTS). Por algún tipo de alteración hasta entonces desconocida, estos lugares comunes en la calle eran vistos ahora como lugares peligrosos que les recordaban sus experiencias en la guerra. Gracias al empleo de técnicas de neuroimagen se comprobó que el tamaño de los hipocampos de estas personas había experimentado una reducción. Además, en las personas afectadas por este trastorno, se observaba también una mayor actividad de la amígdala.

La isla donde habita la intuición

Otra estructura de excepcional importancia en el mundo de las emociones es la *ínsula de Reil,* formada por corteza cerebral replegada dentro de la cisura de Silvio (una especie de gran hendidura que existe en la superficie del cerebro) y que, por tanto, no puede verse desde el exterior. Esta estructura en forma de isla es uno de los mapas de los sentimientos tan maravillosamente descritos por António Damásio. La ínsula recibe información de todas las vísceras y también manda órdenes a las mismas. En el mundo anglosajón es muy típico escuchar la expresión *I feel in the guts,* que en español podría traducirse por «lo siento en las tripas». Con ella, lo que se intenta transmitir es que en ocasiones «hay una curiosa intuición que parece venir del tubo digestivo y que nos orienta a tomar ciertas decisiones sin entender muy bien el por qué». Esta especie de «intuición visceral», de corazonada, es posible gracias a la ínsula de Reil.

Podemos, por tanto, definir la ínsula como aquella estructura que permite captar la situación íntima de nuestro cuerpo. Por eso, quien tiene una ínsula que funciona bien, puede sentir lo que le ocurre por dentro, puede comprenderlo y puede llegar a gestionarlo. Esta forma de autoconocimiento es de un enorme valor para entender el verdadero impacto emocional que están produciendo en nosotros ciertos eventos. Sin embargo, como todo en la vida, en el equilibrio puede estar el acierto. Si nosotros fuéramos conscientes a todas horas de la situación de nuestras vísceras, esto podría producirnos una enorme tensión. Imagínate lo que sería estar captando constantemente el latido de nuestro corazón o las contracciones del intestino delgado.

Las palancas que nos mueven

Finalmente, vamos a hablar de otra estructura llamada *núcleo accumbens* que, a pesar de su reducido tamaño, tiene una gran importancia en todo lo que es la motivación y la ilusión cuando se hacen aquellas cosas que para nosotros son valiosas y relevantes. Todos sabemos hasta qué punto la *motivación* tiene relevancia en la vida de los seres humanos.

Cuando tenemos muchas ganas de comprar algo, de practicar un deporte o de ver a alguien por quien sentimos un gran afecto, hay una activación muy intensa del *núcleo accumbens*. Esta activación es la que nos pone en marcha con ilusión y entusiasmo para alcanzar nuestras metas. Por eso, la activación del núcleo accumbens nos mueve a entrar en la tienda y a comprar lo que anhelamos. También nos lleva al lugar donde vamos a practicar nuestro deporte favorito o nos hace llamar por teléfono para quedar con la persona querida. La activación del núcleo accumbens produce esa sensación tan agradable que se experimenta cuando sabemos que vamos a tener una «experiencia placentera». En la anticipación agradable producida por la activación del accumbens, el neurotransmisor clave es la dopamina, mientras que en la experiencia placentera de compra del objeto, de juego del partido o de abrazo a la persona querida, los neurotransmisores esenciales son opiáceos como las endorfinas y las encefalinas. En esta experiencia placentera no solo está involucrada la circunvolución frontal medial, sino también otro núcleo llamado globo pálido. Las personas que tienen este circuito en buenas condiciones encuentran una ilusión y una motivación sostenidas para conseguir sus metas, siendo difícil que se den por vencidas. Además, cuando consiguen lo buscado, mantienen ese sentimiento marcado de satisfacción por el logro. En algunas personas con depresión se ha observado una falta de actividad de este circuito de la motivación. Sin esta anticipación agradable de las consecuencias beneficiosas de algo, resulta muy difícil embarcarse en nuevos proyectos o poner en marcha un espíritu emprendedor. Si no se ve ningún atractivo en la consecución de una meta, no parece que tenga mucho sentido movilizarse para conseguirla.

Como vemos, el circuito de las emociones, del cual hemos considerado solo algunos elementos, es de una complejidad extraordinaria. Esto para nada ha de desalentarnos, ya que sabemos lo suficiente como para sacar conclusiones prácticas que nos ayuden a entender dónde estamos cada uno de nosotros en cuanto a competencias emocionales y por qué. Además, si reflexionamos un poco podemos llegar a descubrir dónde necesitamos estar con respecto a dichas competencias. Con estas dos referencias, dónde estamos y dónde necesitamos estar, podemos seguir ese entrenamiento en fortaleza mental y emocional que nos ayude cubrir el espacio que hay entre los dos puntos. «No solo es importante dónde estamos; también lo es hacia dónde avanzamos».

Ya tenemos el soporte científico necesario para llegar a entender cómo gestionar mejor nuestra vida afectiva. A partir de ahora, cabe la posibilidad de tomar dos decisiones bien diferentes. La primera de estas decisiones es la de adentrarnos a explorar cómo podemos transformar nuestro perfil emocional, si, a la vista de lo expuesto, encontramos que es conveniente hacerlo; la otra decisión que también se puede tomar es la de resignarnos frente a algo que se tiene y se querría cambiar, si bien se trata de un cambio que uno no ve posible. Con los temas del cambio sucede lo mismo que con la muerte: todo el mundo sabe que se va a morir, pero nadie se lo cree. Todos sabemos que podemos cambiar, pero pocos se lo creen de verdad y por eso, cuando se produce una necesidad de cambio, ofrecen una gran resistencia.

Las resistencias tienen todo el sentido del mundo para el que las aplica y, por eso, no hay que vencerlas, sino entenderlas y superarlas. Muchas personas, y tal vez tú seas una de ellas, creen que nuestra genética nos determina. Ya hemos visto que nacemos con distintos perfiles emocionales y esto no cabe duda que depende de la genética. Sin embargo, todos tenemos la capacidad de cambiar y mejorarnos, si de verdad lo deseamos y estamos dispuestos a hacer el esfuerzo que ello requiere. Para eso hemos de haber llegado a lo que me gusta llamar la «insatisfacción inspiradora», el anhelo intenso por mejorar algún aspecto de nuestras vidas.

En el capítulo que sigue vas a encontrar más argumentos para que tengas, si cabe, aún más ganas de superarte. Quiero, por eso, presentarte la relación que existe entre los perfiles emocionales, la felicidad y la salud.

7
Emociones y salud

Saludable es al enfermo la alegre cara del que le visita.

Fernando de Rojas

No absorbamos más toxicidad

Si tenemos en cuenta que, según estudios de la facultad de Medicina de la Universidad de Harvard, entre el 60 y el 90 por ciento de las consultas a médicos generales son debidas a las denominadas emociones tóxicas o aflictivas, comprenderemos la importancia que tiene descubrir en uno mismo y en los demás algunas pistas de la presencia de dichas *emociones* en nuestras vidas.

Entre las emociones tóxicas más dañinas están la ansiedad, la angustia, la frustración, la desesperanza, la sensación de impotencia, el desánimo, la ira, la culpa, la vergüenza y el resentimiento. Hoy en día ya hay muchos datos que muestran que las emociones tóxicas, cuando se convierten en una constante en la vida de la persona, pueden llegar a dañar seriamente su salud mental y física. No estamos solo hablando de que la enfermedad genere infelicidad, sino que hablamos de que «la infelicidad puede generar enfermedad».

Nuestro sistema nervioso en la salud y en la enfermedad

Sabemos que el impacto del sistema nervioso en nuestras vísceras tiene lugar a través de lo que se llama el sistema nervioso vegetativo. Por eso puede resultar de gran interés que conozcamos la manera en la que opera este cuando tenemos una percepción feliz de lo que es la vida o cuando sucede lo contrario.

El sistema nervioso vegetativo, que está formado por una serie de núcleos encefálicos, neuronas y nervios, tiene dos partes. Una de las partes se llama sistema nervioso simpático y la otra se denomina sistema nervioso parasimpático. El primero prepara al organismo para el desafío y para la lucha, mientras que el segundo favorece la recuperación de nuestro cuerpo y de nuestra mente. Ambos sistemas, el simpático y el parasimpático, mantienen un juego de fuerzas, un equilibrio muy preciso.

La región prefrontal derecha del cerebro, las amígdalas y algunos núcleos de una estructura cerebral pequeñita, del tamaño de un guisante, llamada el hipotálamo, son claves en la activación del sistema nervioso simpático.

La región prefrontal izquierda y el núcleo trofotrófico del hipotálamo son esenciales en la activación del sistema nervioso parasimpático.

Cuando por la noche nos vamos a la cama a dormir, predomina el sistema nervioso parasimpático sobre el simpático, para que de esta manera el sueño cumpla su función reparadora. Por la mañana, cuando tenemos que «enfrentarnos» al nuevo día, predomina el sistema nervioso simpático para que estemos de nuevo alerta y atentos. Si a lo largo del día nos enfrentamos a algo que percibimos como una verdadera amenaza, sea encontrarnos con alguien que nos quiere robar cuando vamos por la calle o se trate sencillamente del miedo a hacer el ridículo en una presentación en la empresa, la activación del sistema nervioso simpático será muy intensa, mientras que el sistema nervioso parasimpático tendrá una actividad muy reducida. Sin embargo, no debemos ver estas dos partes del sistema nervioso vegetativo como fuerzas opuestas, sino como fuerzas complementarias. No se trata de moverse en el blanco o en el negro, sino entre aquellas tonalidades de grises que más nos convengan en cada momento.

Es precisamente el equilibrio adecuado de estas fuerzas el que evita que estemos constantemente decidiendo entre exploración o seguridad, entre acercamiento o alejamiento y entre curiosidad o miedo. Gracias a este balance entre fuerzas opuestas, podemos movernos entre grado de exploración y seguridad, entre grado de acercamiento y de alejamiento y entre grado de curiosidad y de miedo.

Esto que estamos viendo tiene gran relevancia sobre todo ante la incertidumbre, porque es aquí donde es necesario ser decidido y valiente pero, a la vez, cauteloso. «No se puede confundir la valentía con la temeridad».

Cuando se activa intensamente el sistema nervioso simpático, sabemos que se produce un aumento del nivel del cortisol y del fibrinógeno plasmático. El cortisol es una hormona beneficiosa cuando sigue los ritmos biológicos circadianos, es decir, que hay una elevación progresiva de sus niveles en sangre durante la madrugada y una bajada también progresiva a medida que cae la tarde. Cuando la activación del sistema nervioso simpático es intensa, no solo se rompe el ritmo circadiano, sino que, además, «la elevación del cortisol puede ser hasta un 50 por ciento mayor que en condiciones normales». Cuando las cifras de cortisol se mantienen elevadas durante un tiempo prolongado, puede producirse un impacto negativo en muchos órganos del cuerpo. A nivel del sistema circulatorio, tiene lugar, por ejemplo, un incremento del trabajo cardiaco y de la tensión arterial; a nivel endocrino, el cortisol produce un aumento de los niveles de glucosa en la sangre y obliga al páncreas a trabajar con más intensidad, favoreciendo la aparición de diabetes tipo II; a nivel óseo, el cortisol favorece la osteoporosis; a nivel del sistema inmunológico, el cortisol debilita la acción tanto de los leucocitos o glóbulos blancos como de varios tipos de linfocitos; a nivel de la musculatura, el cortisol produce una destrucción del músculo para transformar los aminoácidos en glucosa a nivel del hígado, un proceso de verdadero «autocanibalismo» y que lleva a la sarcopenia o pobreza muscular. El incremento del fibrinógeno plasmático que se registra también con la activación prolongada del sistema nervioso simpático puede, finalmente, asociarse a efectos no deseados, como el aumento de la coagulación de la sangre y la aparición de ciertos procesos inflamatorios.

Cuando la actividad del sistema nervioso simpático es intensa y prolongada, aunque es cierto que se produce una dilatación bronquial que debería favorecer la respiración, también puede tener lugar una inflamación de esos mismos bronquios, lo que dificultaría la respiración. Por eso también se han vinculado patologías como el asma a un exceso de actividad del sistema nervioso simpático. Además, es muy importante destacar que la reacción asmática no solo depende de la presencia de un alérgeno (por ejemplo, el polen) que ponga en marcha el proceso inflamatorio; cualquier palabra como «asfixia», «ahogo» o «sofocación», leída por una persona en el momento de su crisis asmática o pronunciada por alguien próximo a ella, va a intensificar dicha crisis asmática. Recordemos que las palabras son como las cerezas. Sabemos que las cerezas se encuentran en parejas; pues bien, cada palabra está unida a una emoción y hay palabras que, cuando son escuchadas, producen una emoción muy intensa en las personas.

No está tan clara la manera en que las emociones positivas interactúan con las vísceras a través del sistema nervioso vegetativo. Lo que sí se sabe es que no existe en este caso la elevación tan marcada de cortisol y fibrinógeno plasmático que acabamos de describir, con lo cual los efectos negativos anteriormente explicados no se producen. También se ha comprobado una activación del sistema inmunológico, no solo por activación de los glóbulos blancos y linfocitos en la sangre, sino también por actuación directa sobre los lugares donde se forman a nivel de la médula ósea, el bazo, el timo o los ganglios linfáticos. Esto implica una mejor defensa contra las bacterias, los virus y los tumores. Por si todo esto fuera poco, estas emociones positivas producen un aumento en la sangre de GH, la hormona del crecimiento, de vasopresina y de oxitocina.

La hormona del crecimiento es importante para el mantenimiento de los tejidos y, además, estimula la acción de los glóbulos blancos que nos protegen frente a las infecciones. La oxitocina, que es una hormona muy importante en la mujer, tanto en el parto como durante la lactancia, tiene efectos muy beneficiosos tanto en los hombres como en las mujeres. La oxitocina protege el sistema cardiovascular, al reducir su sobrecarga del corazón y de los vasos sanguíneos. Además, baja los niveles de grasas en sangre y reduce los de cortisol. «Los niveles de oxitocina también se elevan durante el ejercicio físico y con el establecimiento de vínculos emocionales». Esta es una de las razones por las cuales las personas que hacen ejercicio físico suelen caer con más dificultad en el desaliento y en la depresión.

De la misma manera, cuando sentimos el afecto sincero de una persona, un rostro cercano y una sonrisa auténtica, nos sentimos a salvo y sin miedo a ser agredidos. La vasopresina u hormona antidiurética, además de aumentar la absorción de agua a nivel del riñón, juega un papel muy importante en la conducta social y en la creación de lazos afectivos. Por lo que hoy conocemos del funcionamiento del sistema nervioso vegetativo, cuando se producen estos efectos beneficiosos es porque está activado el sistema nervioso parasimpático que, como sabemos, está también involucrado en la recuperación de la mente y del cuerpo. Como veremos más adelante, «durante los ejercicios de meditación existe un marcado aumento de la actividad del sistema nervioso parasimpático».

Si hacemos un resumen de todo lo anterior, para que nos sea más fácil aprender y digerir cuanto hemos visto, podemos señalar lo siguiente:

1. Vivir con miedo cuando no hay razón para ello hace que se active de manera intensa y sostenida nuestro sistema nervioso simpático. Esta activación nos convierte en personas irascibles e irritables. Además, reduce nuestra claridad mental y somete nuestro cuerpo a un estrés negativo o

distrés, que genera daño en nuestros órganos y en nuestras células.

2. Cuando a pesar de la dificultad confiamos en nosotros y en nuestras posibilidades, no se produce esta activación tan intensa del sistema nervioso simpático y sí, por el contrario, una mayor actividad del sistema nervioso parasimpático.
3. Un estado de ánimo positivo no solo se asocia a serenidad, paz interior y alegría, sino que además favorece la salud y prolonga la vida.

Por todo ello, tenemos, si cabe, aún más argumentos que nos pueden motivar a la hora de avanzar por el camino de nuestra propia superación. De todas maneras, si aún estás anclado en la creencia de «yo soy así, nací así y me moriré así», me gustaría invitarte a que viajes conmigo hacia ese mundo apasionante de la genética para ver si naces ya hecho del todo o, por el contrario, te puedes moldear y esculpir a lo largo de toda tu vida.

8
¿Están el optimismo y el pesimismo solo en nuestros genes?

Un pesimista ve un peligro en cada oportunidad, mientras que un optimista ve en cada peligro una oportunidad.

Winston Churchill

Algunas personas tienen fe en el futuro y piensan que lo mejor está aún por llegar. Como se trata de personas que irradian optimismo, el mundo también suele sintonizar con ellas y responderles abriendo para ellas nuevas oportunidades. Tener un sentido optimista de la vida no es otra cosa que mirar de una forma positiva, realista, inteligente y constructiva. «Sin duda, un optimista ve los problemas, pero se enfoca mucho más en las oportunidades; sin duda, un optimista experimenta derrotas, pero se enfoca más en lo que ha aprendido y en cómo pueden mejorar las cosas la próxima vez que lo intente». Esta visión de la vida es lo que hace que las personas optimistas aporten iniciativas y piensen en cómo sacar adelante nuevos proyectos. Aunque la persona optimista toma sus precauciones, no queda paralizada para la acción excediéndose en su prudencia. «Las personas optimistas son constructivas y una de las cosas que construyen es su propio futuro, ya que se consideran en gran medida capaces de hacerlo».

El pesimismo y el optimismo también se aprenden

«Muchas personas pesimistas han aprendido a serlo». Han absorbido la creencia de que no pueden controlar su destino y, por eso, cuando confrontan ciertos obstáculos, sienten que hay algo en su interior que no está a la altura de lo que se precisa. Por eso les falta la confianza necesaria para alcanzar aquellos éxitos que se hacen esperar. Esto se ha observado con gran claridad al comparar niños que creían que la inteligencia era algo que se expande, con niños que creían que la inteligencia era algo fijo e inmutable. Cuando a ambos grupos de niños se les plantearon problemas complejos de matemáticas, los que tenían la creencia de que la inteligencia se expande persistieron y los resolvieron. Aquellos otros niños que tenían un cociente intelectual mayor pero consideraban que la inteligencia era algo fijo, al ver que no resolvían los problemas, abandonaban su esfuerzo, convencidos de que su fracaso se debía a que no poseían suficiente inteligencia para poder resolverlos.

Por eso, si tienes hijos, te propongo que no solo alabes su inteligencia, su memoria o su imaginación, sino que también les ayudes a ser más conscientes del valor del esfuerzo y de la importancia de persistir ante la dificultad. Si desarrollamos nuestro carácter, siempre encontraremos un camino para tener éxito. El carácter es esa forma de ser en la vida que nos hace fuertes ante la dificultad y que nos marca una dirección a seguir en momentos de confusión. El carácter es lo que impide que seamos como una manada asustada que corre a lo loco cuando se presenta un peligro. Por eso, si hacemos un buen trabajo interior para mejorar nuestra forma de ser, también estaremos construyendo, moldeando nuestro carácter.

¿A QUÉ LE ESTAMOS PRESTANDO ATENCIÓN?

«Una mentalidad optimista y una mentalidad pesimista imponen a la mente una determinada forma de mirar». Mirar lleva a ver y ver lleva a actuar de una cierta manera. Recordemos que todos vivimos en espacios de atención. Por eso, nuestra mentalidad, también marca el rumbo que seguimos a lo largo de la vida.

Todos tenemos lo que se denomina «sesgo de atención», una tendencia manifiesta a fijarnos en ciertos aspectos de la vida y a no fijarnos en otros. Las personas positivas tienden a fijarse más en lo positivo que en lo negativo. Además, se sienten atraídas por las imágenes y los eventos positivos. Les gusta hablar de las cosas que funcionan bien y de aquello de lo que disfrutan.

Las personas pesimistas no solo es que se fijen más en lo negativo que en lo positivo, es que, además y curiosamente, se sienten atraídas por lo negativo. Les gusta entablar conversaciones sobre todo lo que está mal, sobre lo que no funciona. Es como una peculiar forma de «masoquismo». Ellas filtran todo lo positivo, de tal manera que sencillamente dejan de percibir lo que de bello hay en la vida. Si algo tiene un componente emocional ambiguo e indeterminado, tenderán a verlo como algo negativo.

«Es importante recordar que tanto el optimismo como el pesimismo son muy contagiosos». Alguien pesimista puede observar lo negativas que son las personas que le rodean, sin darse cuenta de que es él quien les ha contagiado su pesimismo. La persona optimista, cuando mira su pasado y trae los recuerdos de su memoria, tiende a traer sus experiencias positivas. La persona pesimista hace justo lo opuesto. Por eso hay que entender en qué mundos tan distintos viven las personas optimistas y las personas pesimistas. «El optimista vive inmerso en un mundo de posibilidad, mientras que el pesimista vive inmerso en un mundo de amenaza». Queda así muy claro por qué ambas mentalidades están tan ligadas a estados de ánimo tan distintos.

MEJORANDO EL ESTADO DE ÁNIMO

Una de las estrategias más valiosas que hay para mejorar el estado de ánimo que una persona tiene en el presente es ayudarla a recordar experiencias de superación que le han sucedido en el pasado. Imaginemos el desafío que esto representa si alguien tiende a fijarse solo en lo negativo y no para de revivir los malos recuerdos. Además, si tenemos una tendencia muy marcada a fijarnos en lo negativo, descubriremos solo este aspecto de la vida y, sin darnos cuenta, estaremos reforzando, estaremos confirmando la creencia de que la vida representa ante todo y por encima de todo sufrimiento.

Como podemos suponer, la mentalidad que tengamos afecta a nuestro nivel de energía, a nuestro entusiasmo, a nuestra confianza, a nuestra creatividad, a nuestra capacidad para resolver problemas y, cómo no, a nuestra salud y a las posibilidades de tener éxito en aquello que nos proponemos.

Cuando te encuentres ante un reto, recuerda que la claridad mental y la creatividad que necesitas para resolverlo solo se van a desplegar si tienes el estado de ánimo adecuado. Por eso, te propongo el siguiente ejercicio. Te invito a que lo pruebes conmigo y a que observes cómo te ayuda a tener un estado de ánimo mucho más sereno y confiado.

Cierra los ojos y empieza a recordar un desafío al que tuviste que hacer frente en el pasado. No importa la edad que tuvieses en aquel momento. Recuerda lo que hiciste para superarlo, las emociones que pusiste en marcha, las acciones que emprendiste. Siente cómo esa alegría, esa confianza y esa sensación de superación se van extendiendo por tu cuerpo y por tu mente. Aumenta la intensidad del recuerdo, contempla lo que viste, escucha lo que oíste, siente lo que sentiste. Déjate envolver por el gozo del logro. Ahora piensa en tu nuevo reto, el que tienes hoy o el que tendrás en el futuro, y lleva esos sentimientos de tranquilidad, confianza y capacidad al nuevo reto. Imagínate haciéndole frente con este estado de ánimo alegre y entusiasta. Sigue usando tu imaginación para verte superando ese reto y creciendo en el proceso. Recuerda que con ello estás favoreciendo que tu inconsciente, al que has llegado para generar un estado de ánimo favorable, empiece a desplegar sus capacidades para que en esos momentos especialmente importantes actúes con una mayor determinación, inteligencia y creatividad.

Recuerda que, ante la mayor parte de los desafíos de la vida, los recursos que más necesitamos son casi siempre recursos emocionales. ¡Qué bien nos vendría tener más aplomo, más coraje, más serenidad, más determinación o más pasión en esos momentos cumbre! Por eso es tan importante que cuides de tu estado de ánimo y procures mantenerlo siempre elevado.

NO ME CUENTES LO QUE PIENSAS, DÉJAME VER LO QUE HACES

«Lo que de verdad muestra si una persona tiene una mentalidad optimista o pesimista no es lo que dice, sino cómo vive». Sabemos que el autoengaño es muy común entre los seres humanos. Por eso, para conocer la verdadera mentalidad de una persona, lo que hay que observar son dos cosas. La primera es su estado de ánimo, los sentimientos que transmite. La segunda es su conducta, en qué está metida, la manera en la que actúa y cómo responde ante los obstáculos y las dificultades.

La mentalidad pesimista y un bajo «termostato del riesgo» están muy conectados. Quien está teniendo continuamente pensamientos amenazantes y perturbadores irá desarrollando poco a poco una mentalidad pesimista que puede acabar conduciéndole a una depresión. Suele decirse que cuando una persona está deprimida no tiene nada más que pensamientos negativos. ¿No será igual de cierto que cuando una persona no para de tener pensamientos negativos, puede acabar con una depresión?

DE VERDAD, ¿CUÁNTO MANDAN LOS GENES?

Los estudios sobre las posibilidades de heredar el optimismo, realizados sobre gemelos idénticos por investigadores como Tim Spector, del King's College, y Elaine

Fox, de la Universidad de Essex, parecen demostrar que «el grado en que genéticamente heredamos el optimismo o el pesimismo se encuentra alrededor del 40 por ciento». Nicolás Maquiavelo se acercó mucho a este porcentaje cuando afirmó: «La fortuna es árbitro de la mitad de nuestras acciones, pero nos deja gobernar la otra mitad a nosotros».

En 1953, Watson y Crick descubrieron la estructura molecular del ADN en su laboratorio de Cavendish, en Cambridge (Inglaterra). Este hito les hizo merecedores del Premio Nobel de Fisiología y Medicina en 1962.

En el año 2005 se secuenciaron todos los genes que componen el ADN humano. Recordemos que un gen es una unidad funcional dentro del ADN y, por tanto, cada gen da lugar a que se sintetice una proteína determinada. Cada gen está formado por unas estructuras llamadas nucleótidos, el equivalente a las letras de un alfabeto. Según se combinen estos nucleótidos, estas letras, se construye una u otra proteína.

Muchos genes presentan ciertas variaciones en su secuencia y producen distintos efectos en el cuerpo y en el cerebro. La doctora Elaine Fox, directora del Centro de Ciencias del Cerebro de la Universidad de Essex, es una de las máximas autoridades mundiales en el estudio del denominado gen transportador de serotonina. Este gen se encuentra a nivel del cromosoma 17. Recordemos que la serotonina es uno de los neurotransmisores clave en el mantenimiento de un buen estado de ánimo.

Lo que hace el gen transportador de serotonina es regular los niveles de este neurotransmisor para que se mantengan en las cifras adecuadas. Nuestra resistencia frente a las dificultades se encuentra en estrecha relación con un correcto nivel de serotonina. De hecho, aquellas personas que tienen la llamada versión larga del gen transportador de la serotonina muestran menor reactividad de su amígdala que aquellas que tienen la versión corta. Asimismo, las personas que tienen la versión larga del gen se sienten atraídas por las imágenes positivas, mientras que las poseedoras de la versión corta se inclinan y llevan su atención hacia las imágenes negativas. Sin embargo, «la función de los genes no puede separarse de la interacción que la persona que los porta tiene con su entorno».

Investigaciones de contrastado rigor han demostrado que estos genes, más que decidir por sí el hecho de que una persona nazca optimista o pesimista, lo que hacen es predisponerla a ser más o menos susceptible al impacto del entorno. Por eso, aquellas personas que nacen con la versión corta de ciertos genes son más vulnerables a los malos tratos que aquellas otras que nacen con la versión larga de los genes.

Hoy sabemos que, además de la genética, hay que tomar en cuenta la *epigenética* y que nosotros, con nuestras decisiones, podemos alterar la huella genética incluso de las siguientes generaciones. Por eso, el que nazcamos con un perfil emocional u otro puede, sin duda, constituir una poderosa influencia en la vida, pero lo que no puede hacer es determinar nuestro destino.

Para comprender la relevancia de la epigenética, hemos de hablar de la RNA polimerasa, la enzima responsable de leer la información que contiene un gen determinado. Para ello, esta enzima ha de acceder a lo que se denomina la «región promotora», que, a modo de índice de un libro, le indica la manera en la que el gen ha de ser leído. De esta manera, la RNA polimerasa genera una copia del gen leído, copia denominada RNA mensajero, que sale del núcleo de la célula, que es el lugar donde la RNA polimerasa ha leído al gen correspondiente. La síntesis del RNA mensajero fue descrita por el admirado profesor Severo Ochoa, ganador, en 1959, del Premio Nobel de Medicina por su extraordinario descubrimiento.

Dicha copia del gen, el RNA mensajero, viaja hasta una estructura del citoplasma celular que se llama sistema endoplásmico rugoso. Allí, otras estructuras parecidas a granos de café, los denominados ribosomas, empiezan a fabricar los distintos tipos de proteínas, siguiendo la secuencia del RNA mensajero. Digamos que el RNA mensajero es el que lleva el plano que indica cómo se construye una determinada proteína, y que los ribosomas del retículo endoplásmico rugoso construyen dichas proteínas siguiendo las indicaciones que aparecen en el mapa.

La epigenética ha demostrado que se puede bloquear la parte promotora de los genes mediante la adición de un grupo metilo. Si este bloqueo tiene lugar, la RNA polimerasa no puede leer el gen y, por consiguiente, este no se puede expresar. Por tanto, «no solo importan los genes con los que nacemos, sino que también resultan importantes, y mucho, los genes que expresamos y no expresamos a lo largo de nuestra vida». Se sabe, por ejemplo, que la estimulación temprana mediante caricias tiene un gran efecto en la maduración de los niños prematuros. Asimismo, en ratones separados de sus madres al poco de nacer se ha observado que, si además de proporcionarles nutrición se les acaricia con un pincel, maduran mucho antes y son menos temerosos que si simplemente reciben alimento.

Una magnífica noticia

Nuestro cerebro optimista y nuestro cerebro pesimista son especialmente maleables. «Al cambiar nuestra estructura física, también cambia nuestra percepción del mundo». La plasticidad cerebral es uno de los mejores recursos que tenemos para ver la vida de otra manera. Por eso, «nadie está atrapado en una determinada forma de ser». Lo que jamás hará que cambie nuestro cerebro es pensar los mismos pensamientos, sentir los mismos sentimientos y repetir las mismas experiencias que hemos tenido en el pasado.

«Las personas podemos reinventar nuestra forma de ser». Para poder hacerlo, para reinventarnos, hemos de adiestrar nuestra atención y fijarnos más en lo positivo que en lo negativo. También hemos de comprender que muchas veces nuestra percepción del peligro es excesiva. Ello nos alentará a atrevernos más en la vida y a desarrollar más nuestro espíritu emprendedor. Además, podemos empezar a utilizar palabras más positivas e interpretaciones de la vida que nos generen una mayor confianza y entusiasmo a lo largo del día. Si nosotros empezamos a cambiar por dentro, también tendrán lugar cambios a nuestro alrededor.

Hoy sabemos que, si nos paramos para evaluar algo de una manera distinta y más positiva, estamos fortaleciendo la zona prefrontal de nuestro hemisferio cerebral izquierdo. Como hemos visto, dicha área de nuestra corteza cerebral reduce la actividad de la amígdala. Existe un haz de fibras nerviosas, el llamado «fascículo uncinado», que conecta el área prefrontal medial con la amígdala. El empleo de la técnica de imágenes con tensor de difusión (DTI), siguiendo las moléculas de agua de las fibras nerviosas, permite calibrar el grosor de dicho fascículo. Cuanto mayor es el grosor del fascículo uncinado, mayor es la capacidad que tenemos de controlar nuestra amígdala y menos tensos y ansiosos vivimos. «El pensamiento positivo, las relaciones afectivas, el ejercicio físico, la meditación y el sonreír aumentan el grosor del fascículo uncinado».

La percepción de control y la salud

Todos sabemos que vivimos en un mundo de gran incertidumbre y de cambios vertiginosos. Ello no debe asustarnos para nada, pero sí nos debe conducir a desarrollar alguna estrategia para que la amígdala «no nos secuestre» y no se active con demasiada intensidad nuestro sistema nervioso simpático. Una cosa es estar en modo de alerta y otra muy distinta es estar en modo de alarma.

Por eso, una de las cosas más importantes que tenemos que hacer en cualquier situación compleja con la que nos encontremos es alcanzar la sensación de que controlamos algo, lo que sea, desde el ritmo de nuestra respiración hasta las palabras que decimos. «Si creemos que tenemos cierto grado de control sobre una situación, por complicada que esta sea, será mucho más fácil afrontarla». Lo que hay que evitar a toda costa es quedar bloqueados por la reacción de pánico desencadenada por la amígdala, que nos convierte en personas irritables o huidizas. Por eso, toma inmediatamente el control de tu respiración, respira despacio y profundo, hincha bien el abdomen y los pulmones. Cada vez que hagas este tipo de respiración estarás poniendo en marcha el sistema nervioso parasimpático, que es el que te puede devolver la serenidad, la claridad mental y la confianza que ahora necesitas. Esta estrategia es de tanta importancia que insistiré en ella en varias ocasiones.

La relevancia de esa sensación de control sobre la propia vida quedó muy patente en los trabajos realizados por las psicólogas Judith Rodin y Ellen Langer, de los que tuve noticias hace ya muchos años. Rodin y Langer estudiaron a un grupo de personas de avanzada edad, residentes en un centro llamado Arden House. Al comienzo de la investigación, todos los participantes fueron sometidos a un chequeo para comprobar que tenían buena salud. Realizado el chequeo, se les dividió en dos grupos. A uno de los dos grupos se le concedió cierta autonomía para gestionar su vida: podían organizar sus comidas, las horas de sus paseos y otras pequeñas cosas. Los integrantes del otro grupo seguirían los procedimientos habituales establecidos en la residencia. El estudio se prolongó durante dieciocho meses. Los resultados fueron sorprendentes. Todos los residentes que habían fallecido o habían padecido alguna enfermedad se encontraban en el grupo que había seguido pasivamente los hábitos del centro. «La conclusión parecía ser que, si se tiene alguna sensación de control sobre la propia vida, esta se alarga».

Por eso es importante que dediques todos los días un poquito de tiempo, aunque sean solo cinco minutos, a reflexionar y a planificar tu nuevo día. Determina cuáles son las dos cosas más importantes que vas a conseguir hacer durante esa jornada y comprométete a llevarlas a cabo. Recuerda que, si te encuentras con una situación inesperada y te sientes asustado o confuso, has de tomar inmediatamente el control de tu respiración. Haz que la respiración se haga más lenta, calmada y serena. Tal vez tendrás que hacer un esfuerzo, porque notarás como si el pecho se te contrajera o incluso que tu respiración se ha vuelto rápida y superficial. Recuerda que hay mucho en juego y que aquí el fracaso no es una opción. Tú ya sabes cómo el estado de ánimo que tengas repercute en tu inteligencia y en tu creatividad. Necesitas de toda tu inteligencia y de toda tu creatividad para salir airoso de esa situación.

Si el reto de controlar tu estado de ánimo te pilla en medio de una reunión, no te inquietes lo más mínimo, quédate en silencio y enfócate en tu respiración. Casi todo el mundo está demasiado interesado en sí mismo como para prestar atención a lo que haces. Si ves que la tensión interior es muy grande, di que tienes que ir un momento al baño, enciérrate ahí y toma el control de la respiración. Cuando vuelvas a la reunión, serás otra persona.

Contribuye también al bienestar de otros

Barbara Fredrickson considera que, para evolucionar como personas, tenemos que experimentar tres emociones positivas por cada emoción negativa. John Gottman, del Instituto Gottman de Seattle, todo un experto en la predicción de las posibilidades de separación de una pareja, considera que en el caso de las parejas la relación de emociones positivas frente a las negativas ha de ser de cinco a uno. «De ahí la importancia de potenciar los gestos de afecto, los mensajes de ánimo y las muestras de respeto y valoración, en lugar de hacer lo contrario».

Por eso, busca maneras de reconocer a tu pareja, a tus hijos, a tus amigos, a tus colaboradores o a tus clientes todas las cosas que aportan algo a tu vida. Agradéceles los detalles y ten detalles sinceros con ellos. Felicítales y alégrate con sus éxitos. *Pilla* a la gente cuando está haciendo algo bien y no solo cuando está haciendo algo mal. Fíjate en sus virtudes y no solo en sus defectos. Ten gestos de generosidad, aunque no te los agradezcan. Las personas, en general, somos poco agradecidas. Sé generoso con los demás no porque te lo vaya a agradecer, sino porque para ti la generosidad es en sí misma un valor. Recuerda que para el ego dar es perder, pero que, en realidad, dar es ganar.

Hemos dedicado los capítulos anteriores a conocer un poco mejor nuestro cerebro y su impacto en nuestro cuerpo. Llega ahora un nuevo desafío: el de entender a un nivel aún más profundo y sutil cuál es el camino que podemos seguir para aflorar todo nuestro potencial. Por eso, construyendo sobre lo que hemos visto con anterioridad, vamos a saltar al siguiente nivel, a la siguiente etapa, la de superarse.

Segunda etapa

Superarse

La aventura de la vida es aprender.
El objetivo de la vida es crecer.
La naturaleza de la vida es cambiar.
El desafío de la vida es superarse.
La esencia de la vida es cuidar.
El secreto de la vida es atreverse.
La belleza de la vida es dar.
La alegría de la vida es amar.

William Ward

9
Somos y también nos hacemos

«No sirve para nada intentarlo», dijo Alicia; «una no puede creer cosas imposibles». «Me atrevo a decir que tú no tienes demasiada práctica», dijo la Reina. «Cuando yo tenía tu edad, siempre practicaba media hora cada día. A veces llegaba a creer hasta seis cosas imposibles antes de desayunar».

Alicia en el País de las Maravillas, Lewis Carroll

Suele decirse que la felicidad no es una meta, sino un camino. Nosotros no podemos cambiar quiénes somos, pero sí podemos cambiar la forma en la que somos. Un gusano y una mariposa son el mismo ser, pero para que un gusano se transforme en mariposa, ha de morir a una forma de ser y de estar en el mundo (su identidad de gusano) y ha de abrazar, asumir una forma distinta de ser y de estar en el mundo (la identidad de mariposa).

Si no sabemos cómo volvernos mejores, va a ser difícil que podamos recorrer esta senda que va descubriendo poco a poco la mejor versión de nosotros mismos.

La prisión en la que vive nuestra mente

Todos estamos aprisionados por muchas creencias limitantes, por un gran número de supuestos no contrastados y por una extensa variedad de metáforas engañosas. Quien compara, por ejemplo, una negociación con una guerra, solo pensará, sentirá y actuará como piensa, siente y actúa quien tiene frente a sí a un feroz enemigo. No es fácil considerar un *win-win (gana-gana)* en el que ambas partes ganen algo cuando se ven las cosas de esta manera. Por eso cuesta tanto encontrar ejemplos en la historia donde el vencedor de una guerra haya sido compasivo con el vencido. Esta es una de las múltiples muestras de esas metáforas en base a las cuales vivimos.

Cada día podemos renovar nuestro ánimo

Aflorar lo más sutil y a la vez lo más grandioso que hay dentro de cada uno de nosotros es una gesta propia de aquellas personas que han alcanzado la determinación necesaria como para hacerse inasequibles al desaliento. «Es la fuerza del carácter la que hace que nos levantemos después de cada caída con un ánimo renovado».

Winston Churchill nos recordaba que «el éxito no es otra cosa que ir de fracaso en fracaso sin perder el entusiasmo». Por eso podemos afirmar que «jamás fracasaremos, si nuestra determinación por triunfar es lo suficientemente grande». Si queremos pasar de una forma de ser a otra para nosotros más deseable, hay que encontrar un verdadero motivo, una auténtica palanca emocional que nos ayude en este tránsito vital.

Hay muchas personas que, cuando piensan o dicen «yo soy así», se están encadenando a una forma de ser, a una forma de pensar, de sentir y de actuar. Todos somos y vivimos, pero podemos ser y vivir de maneras muy diferentes. Es aquí donde lo que creemos se convierte en la realidad que generamos. Nadie está determinado a tener una forma de ser, salvo que así lo asuma, ya que lo que creemos se hace cierto para nosotros.

Si ya hemos visto que nuestra genética compuesta por 22.000 genes no nos determina, ¿cómo es posible que nuestras creencias sí lo hagan? Hoy sabemos —y nosotros ya lo hemos visto— que «nuestros genes se activan y desactivan de manera constante, dependiendo en gran medida de nuestro entorno, de las experiencias vividas, de nuestra forma de imaginar, de pensar y de sentir». Si hay algo que nos cuesta entender, porque sobrepasa muchas veces el alcance de nuestro razonamiento ordinario, es lo que se conoce como «propiedades emergentes de la naturaleza». ¡Qué difícil es entender que el agua, ese líquido esencial para la vida, proceda de dos simples gases, o que la bella mariposa proceda del humilde gusano! Tampoco es fácil comprender la manera en que los genes y nuestra experiencia vital interaccionan para cambiar hasta nuestra propia materialidad.

Cuando la genética, el entorno y el esfuerzo de superación personal se encuentran, no simplemente suman sus aportaciones, sino que crean algo nuevo y diferente a aquello de lo que se partió. Esta plasticidad sorprendente que nos acompaña toda la vida ha de ser fuente de ánimo y entusiasmo para quienes piensen que su genética o su entorno no fueron los adecuados. Incluso si una persona considerara que ambos, genética y entorno, han tenido una influencia negativa en su vida, aun así le queda un tercer elemento, un elemento que solo depende de esa persona y que no es otra cosa que el conjunto de su razón y de su voluntad decidiendo, eligiendo cómo va a vivir aquello que le sucede para que sea un entrenamiento constante en superación personal. Solo quien cree que ni su razón ni su voluntad pueden jugar un papel tan importante a la hora de determinar su destino puede bloquear este tránsito de una forma de ser a otra diferente. En este caso, es la ficción del no poder, del no ser capaz, la que anula nuestro verdadero poder, nuestra auténtica capacidad. «Si nuestro destino es la grandeza, nadie está predestinado a la mediocridad, salvo que así lo elija». Es, entonces, esa elección personal y no nuestra verdadera naturaleza la que nos estanca en una determinada forma de ser que reduce y limita nuestras posibilidades en la vida.

La reflexión que estamos haciendo puede ser para algunas personas francamente incómoda, como también lo son la mayor parte de las reflexiones en las que se saca a la luz la manera tan increíble en que todos, de una u otra forma, nos autoengañamos. ¡Cuántas veces resulta más cómodo vivir con la creencia de que «más vale lo malo conocido que lo bueno por conocer»! ¡Cuántas veces también pensamos que «más vale pájaro en mano que ciento volando»! «Hay alguna manera más directa y eficaz para matar el espíritu emprendedor, excusándonos en la frase: "Yo, sencillamente, no nací con lo que se necesita para ser feliz"».

Una reflexión sobre la teoría de la evolución de las especies

Charles Darwin hablaba inicialmente de las mutaciones que suceden al azar; un siglo antes, Jean-Baptiste-Pierre-Antoine de Monet de Lamarck afirmaba que la función hace la forma. ¿Qué pasaría si ambos tuvieran razón? Lo que pasaría es que la nueva aproximación a la realidad que todos tendríamos que hacer habría de incluir genética y entorno, moléculas y sentimientos, procesos biológicos y pensamientos, razón y voluntad. «Hoy, cada vez parece más claro que somos y que también nos hacemos».

Resulta siempre mucho más fácil abandonar el tránsito hacia la grandeza, incluso antes de que den el pistoletazo de salida. Solemos prestar oídos sordos cuando aquellas personas que han llevado a cabo gestas extraordinarias se definen a sí mismas como «personas ordinarias con una determinación extraordinaria». Tendemos a pensar que estas personas o son muy modestas o, sencillamente, nos quieren animar para que no nos resignemos a pertenecer a una especie de seres humanos mucho más limitada. Estoy convencido de que cuando Santiago Ramón y Cajal ganó el Premio Nobel de Medicina y Fisiología en 1906 y comentó que había obtenido dicho galardón, no por ser ningún genio, sino por su determinación y su paciencia incombustibles, nadie le creyó. Aunque la realidad se presente a nosotros de una manera incuestionable, nosotros tendemos a filtrar los datos para que lo que percibamos se ajuste a lo que nosotros creemos y no a lo que es.

Por eso, te animo a superarte, a dar un paso adelante, a creer de verdad en tus posibilidades y a apostar fuerte por ti. Recuerda que dentro de ti hay un gigante dormido deseando despertar.

10
¿Qué podemos hacer para aflorar nuestra mejor versión?

Por encima de todo, mira con ojos curiosos este mundo que nos rodea, porque los más grandes secretos están siempre ocultos en los lugares más pequeños. Aquellos que no creen en la magia jamás la encontrarán.

Roald Dahl

El filósofo Nietzsche dedicó unas interesantes reflexiones a este asunto de la genialidad. Recordemos que este pensador que ha tenido una repercusión tan manifiesta en la cultura de Occidente tuvo que publicar sus propios libros porque no encontraba ninguna editorial que valorara suficientemente sus escritos. Hoy, sus libros se han vendido por millones. En uno de ellos, que se titula *Humano, demasiado humano,* en el capítulo IV, que trata del alma de los artistas y de los escritores, dedica todo el párrafo 155 a hablar sobre la creencia en la inspiración:

> En realidad, la imaginación del buen artista o pensador produce constantemente lo bueno, lo

mediocre y lo malo; pero su juicio extremadamente aguzado, ejercitado, rechaza, elige, combina, así es como nos damos cuenta hoy, viendo los apuntes de Beethoven, de que ha compuesto poco a poco sus magníficas melodías y las ha entresacado de múltiples bosquejos.

¡Eureka, lo encontré!

Tal vez sea este un momento ideal para que tú y yo nos paremos a ahondar en lo que la neurociencia nos revela hoy sobre el proceso creativo. Si la creatividad consiste, como decía Steve Jobs, en conectar las cosas, vamos a buscar los puentes que hay entre los comentarios de Nietzsche, un filósofo y literato del siglo XIX, y lo que nos dice la neurociencia del siglo XXI.

Siempre ha llamado la atención que en todo proceso creativo existen dos elementos que son bien distintos y que también parecen en cierta medida complementarios. Sabemos que hay un momento en que una idea surge como de la nada, irrumpiendo súbitamente en la consciencia. Es el famoso «fenómeno eureka», algo a lo que se referían en la antigüedad clásica cuando hablaban de las musas, diosas de la inspiración del artista. Por otro lado, también sabemos que todos los grandes pensadores y artistas dedicaron incontables horas a trabajar sobre un tema o a perfeccionar un arte. Picasso decía que las musas le visitaban cuando estaban trabajando; igualmente, es conocido, como nos narra Nietzsche, que los grandes músicos volvían sobre sus piezas una y otra vez antes de convertirlas en la partitura definitiva. La misma tarea de escribir un libro exige revisar un gran número de borradores hasta tener la sensación de que la obra se puede dar por completada.

Gracias a las modernas técnicas de neuroimagen, se conoce mucho mejor lo que subyace bajo estas dos expresiones del proceso creativo, la rápida y sorprendente y la lenta y tenaz. Además, combinando electroencefalografía y resonancia funcional magnética, se ha conseguido desvelar quiénes son los principales actores que intervienen en la generación de eso que vemos como nuevo, sorprendente, distinto y útil, es decir, la idea creativa.

LAS DISTINTAS DIMENSIONES DEL PROCESO CREATIVO

Vamos a concentrarnos primero en la dimensión más glamurosa del proceso creativo. Vamos a hablar de ese momento luminoso que nos sorprende bruscamente con una revelación, con una epifanía. Lo primero que hemos de recordar y que hemos visto extensamente es que nuestro cerebro tiene dos mitades o hemisferios de aspecto muy similar, pero que presentan grandes diferencias en lo que respecta a ciertas funciones. Si bien es cierto que cada hemisferio cerebral recibe la información sensitiva de una mitad del cuerpo y mueve también una mitad del cuerpo, en lo que a funciones mentales respecta, su función es muy distinta.

El hemisferio izquierdo tiene una función más importante que el derecho en todo lo que es el uso del lenguaje y de los números. Además, es clave en el proceso de análisis lógico. Gracias al hemisferio izquierdo podemos distinguir las diferentes partes que tienen las cosas y podemos analizar con gran detalle las características de cada una de estas partes.

El hemisferio derecho tiene mucha menos importancia en lo que concierne al mundo del lenguaje y mucha más en lo relacionado con el ámbito del espacio y de las relaciones. No es el detalle lo que importa, sino la relación entre las cosas, los vínculos que las conectan. De hecho, esto tiene especial relevancia en la visión, ya que, si bien cada hemisferio capta lo que está en el campo visual contrario, el hemisferio derecho percibe de una manera más global. Esta es la razón que explica por qué las lesiones cerebrales que afectan a la visión son más serias si dañan al hemisferio derecho.

El conocido neurólogo Oliver Sacks narra una historia muy curiosa que le ocurrió a una enferma aquejada de una hemorragia en el hemisferio derecho de su cerebro. Esta lesión la volvía literalmente ciega a todo lo que estaba en su campo visual izquierdo. Sin embargo, ella no era consciente de que le faltaba la percepción de dicho campo visual. De hecho, cuando estaba en el hospital, comía lo que estaba situado en su campo visual derecho y que, por tanto, ella veía gracias a su hemisferio cerebral izquierdo no dañado. Lo interesante es que aquella mujer, al no ser consciente de su problema, simplemente se quejaba de que en aquel hospital daban muy poco de comer.

EXPLORANDO NUESTRO CEREBRO CREATIVO

Cada hemisferio cerebral está dividido en cuatro lóbulos: frontal, parietal, occipital y temporal. Dentro del lóbulo frontal, y ocupando su parte más anterior, está lo que se denomina lóbulo o área prefrontal, que ya sabemos que tiene unas repercusiones importantísimas tanto en las funciones intelectuales como en la vida afectiva, el aprendizaje e, incluso, como veremos más adelante, en el proceso creativo.

El lóbulo parietal juega un gran papel en todo lo que es la sensibilidad corporal y la orientación nuestra y de las cosas en el espacio.

El lóbulo occipital, en la parte posterior del cerebro, está destinado a la visión y tiene áreas que se dedican a percibir los colores, las formas o el movimiento.

Finalmente, el lóbulo temporal es también de una complejidad extraordinaria. Aquí no solo se comprende el lenguaje hablado, sino que además se procesan los sonidos. El lóbulo temporal tiene un papel de gran importancia en el aprendizaje. Por otro lado, influye notablemente en la percepción visual y emocional que tenemos de las cosas. Cuando se produce una epilepsia temporal por una cicatriz o por un tumor, la persona puede experimentar alucinaciones muy complejas y llenas de emocionalidad. Además, hay neuronas dentro del lóbulo temporal que tienen propiedades sinestésicas, es decir, que pueden oler colores, ver sabores u oír colores. Personas tan conocidas y reconocidas como el pintor ruso Kandinsky tenían esta capacidad muy desarrollada y, por eso, para aquellos que conocen las claves de interpretación, los cuadros de este artista también corresponden a melodías.

No se trata de cómo nos gusta enseñar, sino de cómo al cerebro le gusta aprender

Lo que sí sabemos, y que es aplicable a todos aunque no tengamos esta singularidad que tenía Kandinsky, es que aprendemos mucho mejor cuando se estimulan varios sentidos simultáneamente. Tal vez por eso Confucio, en el siglo V a.C., nos daba una clave muy valiosa para el aprendizaje: «Dímelo y lo oiré. Enséñamelo y lo veré. Involúcrame en ello y lo aprenderé».

Todos recordamos mucho mejor cuando el aprendizaje ha sido fruto de una exploración personal que cuando ha sido una simple acumulación de conocimientos transmitidos desde fuera. «Lo importante no es lo que se enseña, sino lo que la gente descubre y aprende».

Podemos entender ahora por qué muchas veces los sistemas de enseñanza son tan poco efectivos para generar un aprendizaje útil y memorable. Si no hay una interacción con el alumno, si lo único que existe es una explicación monótona por parte del profesor, será difícil que se produzca el aprendizaje. Además, para aprender es importante mantener la atención y esto solo se logra si el circuito de la motivación del que forma parte el núcleo accumbens está activo. «Prestamos atención y recordamos aquello que es singular, sorprendente, interesante y relevante». Si una información que nos llega no tiene ninguno de estos elementos, será muy improbable que la memoria lo capte y se convierta en un nuevo aprendizaje.

La chispa que enciende el fuego

En una región muy concreta del lóbulo temporal, justo en el límite con el lóbulo parietal, en lo que se conoce como circunvolución temporal superior y precisamente en su parte más anterior, es donde se produce algo muy particular justo antes de que una persona tenga uno de esos sorprendentes momentos de lucidez e inspiración. Algo ocurre en las neuronas localizadas a este nivel, ya que su actividad captada por electroencefalografía muestra lo que se denomina «ritmo gamma». El ritmo gamma representa algo muy excepcional de ver, registrado sobre todo en monjes budistas cuando están en un estado de profunda meditación. Si el ritmo beta es el que emiten las neuronas cuando estamos despiertos y atentos, el ritmo gamma se produce en estados mentales en los que se combina una extraordinaria serenidad con una gran lucidez. Esta ráfaga súbita de ondas gamma se produce justo antes de que una persona reciba su idea sorprendente o realice un descubrimiento inesperado. Es como si a este nivel se realizara la última conexión entre diversos conocimientos y experiencias, hasta que finalmente se alcanza esa comprensión, ese descubrimiento especial.

Filósofos de la talla de David Hume, uno de los más reconocidos del mundo anglosajón, ya aludieron a este proceso tan sorprendente. Hume siempre mostró un gran interés en averiguar la manera en la que las personas conocíamos y experimentábamos la realidad. En uno de los trabajos más notables del filósofo de origen escocés, titulado *Investigación sobre el entendimiento humano,* escribió lo siguiente: «Todo el poder creativo de la mente viene de la facultad de la mente de mezclar, transponer, aumentar o disminuir los materiales suministrados por los sentidos y la experiencia».

Independientemente de que Hume tuviera o no razón, sí parece que apuntaba con especial claridad a esta facultad de nuestro cerebro de hallar puntos de encuentro entre elementos que no parecen tenerlos. Podemos llegar así a la conclusión de que «inventar es en gran medida recombinar».

Si prestamos atención a nuestra propia experiencia, es posible que también hayamos observado cómo, cuando hemos tenido una de estas revelaciones o ideas luminosas, previamente nos encontrábamos sumidos en alguna actividad que nos permitía estar muy relajados. No es infrecuente que nos surjan ideas cuando estamos en la ducha, damos un paseo o llevamos a cabo cualquier actividad placentera y relajada. De hecho, parece que una gran parte de estos instantes de revelación ocurre precisamente en momentos de paz, serenidad y disfrute como los que hemos comentado.

Si observamos qué sucede en estos instantes en el cerebro, registraremos que se ha producido un cambio en su actividad eléctrica. Ahora, el tipo de ondas que predomina son las ondas alfa. Sería en estos momentos de abandono, serenidad y sosiego cuando el cerebro, sobre todo el hemisferio derecho, procedería a realizar las conexiones y asociaciones más interesantes y fructíferas.

Voy a poner un ejemplo histórico para intentar plasmar con más claridad lo que hemos visto hasta ahora.

Jules Henri Poincaré (1854-1912) fue un matemático francés de gran prestigio que hizo estudios de notable importancia en lo que se refiere a la teoría del caos, de la luz y de los campos electromagnéticos. Además, desarrolló algunos conceptos básicos de la teoría de la relatividad restringida. En una ocasión, después de haber trabajado durante mucho tiempo en la solución de uno de sus problemas matemáticos, lo apartó de su mente y, al cabo de unos días, como salida de la nada, la solución apareció súbitamente.

Vemos muy bien descritas en este ejemplo las tres fases del proceso creativo. Por una parte, la concentración intensa y sostenida sobre algo que es muy relevante para nosotros; después, el abandono, la tranquilidad, el aparente olvido, y finalmente el «eureka», esa ráfaga de treinta milisegundos de ondas gamma.

Tenemos ya dos de los elementos básicos del proceso creativo. Por una parte, esa actividad basal de ondas alfa que es interrumpida bruscamente por una ráfaga de treinta milisegundos de ondas gamma que, cuando se abren paso en la consciencia, generan el fenómeno eureka. Es entonces cuando la nueva idea, la sorprendente solución al problema, nos es revelada como un rayo de luz revela súbitamente el contenido de una habitación que previamente estaba a oscuras.

Si quieres superarte, lee, fórmate, interésate por temas diversos, aprende cosas nuevas y dedica tiempo a reflexionar. Haz que tu inteligencia descubra vínculos no aparentes entre las cosas, sigue analizando los temas aunque te parezca que no vas a llegar a ninguna solución. Dentro de ti está todo lo que necesitas para triunfar. Una vez que hayas hecho esto, descansa, date un paseo, oye un poco de música y no le des más vueltas al objeto de tu análisis. Permite que tu cuerpo se relaje y que tu mente se recupere. Ahora lo importante no es la tensión del estudio, sino la calma del descanso. Con ello estás favoreciendo ese mar de ondas alfa. Cuando menos lo imagines, como saliendo de la nada, aparecerá la solución. Por eso, primero «estira», después «relaja» y finalmente aguarda y confía.

11
Pon esfuerzo y pasión a todo lo que hagas

Creer en el impacto insospechado que nuestras pequeñas acciones pueden tener es también comprender la repercusión de encender una pequeña cerilla en medio de la oscuridad.

Joni Eareckson

Nos queda por conocer otro elemento referente al proceso creativo. Se trata de aquello que nos permite trabajar el detalle y prestar atención a los aspectos más ocultos de lo que se está estudiando o analizando. Tenemos, por consiguiente, que volver nuestros ojos a aquellas áreas del cerebro que mantienen la atención: las áreas prefrontales. Estas áreas, como ya sabemos, se encuentran detrás de la frente y encima de los ojos. Aun siendo condición necesaria para que prestemos atención a las cosas, tiene que haber algo más en un proceso de tantísima complejidad. «Es necesario no solo poner atención, sino mantener la atención, si lo que queremos es poner al descubierto hasta los detalles más ocultos de lo que se está observando». Por eso, de alguna manera han de estar también involucrados núcleos cerebrales implicados en la motivación. Hoy, sabemos que tanto el núcleo accumbens como el estriado ventral, que forman parte del circuito de la motivación, son los que mantienen activa a la corteza prefrontal para que busque cada detalle y realice cada mejora que se precise en el trabajo que se está llevando a cabo. Por eso, «la creatividad es hija del esfuerzo y de la pasión». ¡Qué razón tenía Nietzsche cuando comentó que la imaginación del buen artista o pensador produce cosas buenas, mediocres y malas, pero es su juicio, que ha adiestrado hasta la excelencia, el que rechaza, selecciona y conecta!

Si tú eres o sueñas con ser de esas personas que verdaderamente quieren aflorar todo el talento que existe en su interior, tienes que desafiarte constantemente a salir de tu zona de confort, animarte a abrazar la incertidumbre y a aceptar el posible fracaso, para así poder descubrir, aprender, mejorar y superarte. «Quien no está constantemente elevando su propio estándar, difícilmente llegará a alcanzar su mejor meta».

La gente a la que muchos admiramos por sus logros ha trabajado de manera constante hasta llegar a dominar algo de una forma extraordinaria. Recuerdo que un excelente jugador de golf me comentó que en una ocasión, viendo dar bolas en el campo de prácticas a otros estupendos jugadores europeos, observó que uno de ellos, al dar un golpe muy malo, se frustró y se fue. Al cabo de unos minutos, otro jugador dio también un golpe muy malo, también se frustró por unos instantes, pero luego se repuso y siguió dando cubos de bolas hasta que se sintió satisfecho. Esta forma de ser es algo que uno entrena y no simplemente algo con lo que uno nace. «Saber vivir no en base a la emoción del momento, sino en base a las propias elecciones, requiere una visión clara e inspiradora y un entrenamiento constante. Lo importante no es lo que nos cuesta, sino hacia dónde nos lleva. Lo importante no es dónde estamos, sino hacia dónde miramos. Lo importante no es tanto el punto de partida como el punto de llegada».

Hay personas que hacen emerger su talento cuando son todavía muy jóvenes, mientras que otras lo hacen mucho más tarde. El grado de maduración puede variar mucho y, por eso, si todavía no has visto aflorar todo tu potencial, has de tener muy presente que «la paciencia no es aguantarse, sino adaptarse al ritmo natural de las cosas». Lo único que nosotros podemos hacer es trabajar a conciencia, utilizar un buen método de entrenamiento, rodearnos de personas que nos sirvan de referencia y poner todo nuestro corazón en todo lo que hagamos. El resto no se puede forzar, simplemente, sucede. La nueva capacidad que necesitamos y el extraordinario talento que anhelamos empiezan a emerger como emerge en un determinado momento la planta que, hasta entonces, había permanecido oculta bajo la tierra.

Siempre se ha dicho que quien tiene un «qué» y un «por qué» siempre acaba encontrando un «cómo». Yo lo creo por propia experiencia y porque la ciencia, además, respalda que «lo que el corazón quiere sentir, la mente antes o después se lo muestra». No hay nada que pueda sustituir a la ilusión y a la motivación en lo que se refiere a desplegar los propios talentos y capacidades. «La creatividad es hija de la pasión porque la mente se expande cuando hay un motivo, una razón potente para que lo haga». De la misma manera que hay un héroe o una heroína dormidos dentro de cada uno de nosotros, también hay en nuestro interior un genio al que se puede llegar a despertar. Basta que pongan ante un peligro a uno de tus seres más queridos, para que salga de ti el héroe o la heroína que llevas dentro. Basta que te pongan ante un desafío que verdaderamente sea para ti inspirador, para que empieces a estirar y a ampliar tus capacidades. «Recordemos que no se trata de bajar nuestros sueños a la altura de nuestras aparentes capacidades, sino de elevar nuestras capacidades a la altura de nuestros sueños».

La actitud es la que nos lleva a la altitud

Muchos reconocemos que el sistema educativo es algo vital tanto para la persona como para la sociedad y que «la clave es que la enseñanza se convierta en un valioso aprendizaje». Por eso es tan importante empezar a transmitir que los talentos y las capacidades que tenemos son expansibles y que, por consiguiente, ni la inteligencia, ni la imaginación ni la memoria son facultades estáticas, sino dinámicas. Saber que el propio esfuerzo y la dedicación tienen un impacto tan grande en unas facultades tan importantes ha de servir para que no nos desanimemos cuando veamos que nuestro punto de partida no es el que quisiéramos tener. «La actitud es siempre más importante que la aptitud». Desde el reconocimiento del «no sé» y desde el entusiasmo del «quiero saber», nos podemos superar y acceder a muchos mundos insospechados. Al final vemos cuánto sentido tienen esas palabras que describen la excelencia:

> Excelencia es el resultado de ocuparse más de lo que otros consideran lógico, de arriesgarse más de lo que otros consideran seguro, de soñar más de lo que otros consideran práctico y de esperar más de lo que otros consideran posible.

Hemos de estar muy atentos ante aquellos mensajes que nos intentan convencer de que no podemos cambiar, que solo es posible aspirar a la mediocridad y nunca a la grandeza. Hemos de estar muy alerta ante esos mensajes que nos dicen que nos conformemos en copiar porque somos incapaces de crear. Son mensajes que carecen de rigor y, sin embargo, resultan muy fáciles de absorber y digerir porque generan una curiosa sensación de alivio. ¿Por qué sentirnos decepcionados con nosotros mismos, si sencillamente no nacimos con lo necesario? Esto no cura la envidia que se puede sentir hacia otros por sus logros, pero consuela mucho cuando no alcanzamos los propios. No hay nada mejor que una buena justificación, una excelente excusa para poner nuestra conciencia a dormir.

Este tipo de mensaje, «asume tu mediocridad», me recuerda mucho a ese otro que dice: «No sueñes en cosas grandes, no sea que no consigas hacer realidad tu sueño y te desilusiones». Si Cristóbal Colón, Galileo Galilei, Thomas Edison, Albert Einstein, Vincent van Gogh y tantas figuras relevantes de la humanidad hubieran tenido esta mentalidad, todavía estaríamos en tinieblas. No podemos llegar al final de nuestros días y plantearnos si nuestra forma de vivir la vida no ha sido sino un lamentable error. «Es mejor reconocer nuestra falta de coraje, de determinación y compromiso que escudarnos en una falta aparente de talentos y capacidades». Es mejor reconocer que nos falta «cociente agallas» a escudarnos en un supuestamente insuficiente cociente intelectual. No son las cartas que nos tocan, sino la manera en la que las jugamos, lo que más impacto tiene en el juego. Sin embargo, hoy, como en la época de Descartes, damos por hecho que lo que de verdad cuenta en el éxito es el talento que uno ha heredado y no el carácter que uno ha desarrollado.

Aprendamos de nuestros errores

Hace tiempo tuve una experiencia muy interesante en el Museo del Prado de Madrid. Había una exposición de pintura que se titulaba «El trazo oculto». Junto a los cuadros pintados por grandes artistas, se mostraban las imágenes tomadas mediante una técnica denominada espectrofotometría infrarroja. A través de esta técnica se podían contemplar, sin dañar la pintura, todos los bocetos que el artista había hecho antes de culminar su obra de arte. Resulta difícil de creer, cuando se ven estas imágenes, que el pintor hubiera cometido tantos errores antes de finalizar su cuadro. No creamos por más tiempo este mito de que se consiguen los grandes logros sin un verdadero compromiso y un constante esfuerzo por superar las aparentes limitaciones. «En una sociedad que penaliza tanto el error y que ofrece la gratificación inmediata y sin esfuerzos, parece que es asunto de "tontos" el abrazar una cultura de dedicación, compromiso y esfuerzo».

Ten fe si quieres mover montañas

Dado que el camino a la superación personal está lleno de tropiezos y vamos a caernos al suelo con mucha frecuencia, el que caigamos en un bache o en una tumba va a depender de la fe que tengamos y del apoyo que recibamos. «La frustración inicial que se produce cuando erramos en nuestros intentos se supera cuando seguimos creyendo en nuestras posibilidades». Nos tiene por ello que animar un sentido de certeza, una convicción profunda de que podemos llegar a alcanzar nuestras metas.

Hace poco escuché una historia curiosa acerca de una bailarina:

Había una joven que sentía pasión por la danza y practicaba sin cesar, soñando con que un día se convertiría en una gran profesional. Cada día anhelaba tener la oportunidad de mostrar su habilidad ante alguien que pudiera cambiar su destino. Un día se enteró de que el joven director del prestigioso ballet de un país con larga tradición en este arte se encontraba en su ciudad, en busca de nuevos talentos. La joven se apuntó con enorme ilusión para bailar ante tan distinguido visitante. Llegado el día, se puso sus zapatillas y, llena de entusiasmo, dio varios pasos de baile en su presencia. Cuando terminó, le preguntó al director del ballet:

—¿Qué le ha parecido? ¿Cree que tengo talento para convertirme en una estrella de la danza?

El director la miró a los ojos y le dijo:

—Lo siento, tú no tienes ningún talento para la danza.

La joven se alejó llorando y tiró sus zapatillas de baile a un cubo de basura en su camino de vuelta a casa.

Los años pasaron y aquella mujer aceptó un trabajo sencillo para poder sobrevivir. Se casó y tuvo dos hijos. Un día, leyó en el periódico que aquel director que ella conoció años atrás había llegado con su prestigioso ballet para dar una función en su ciudad. Ella acudió entusiasmada y se emocionó al ver la belleza y elegancia con la que se movían las bailarinas. Al finalizar la función, y gracias a que conocía a uno de los empleados que trabajaba en el teatro, pudo acercarse a saludar al director.

—Buenas noches, usted no se acordará de mí, pero hace muchos años vino usted a esta misma ciudad en busca de jóvenes talentos.

—Sí, me acuerdo perfectamente —contestó el director.

—Yo quería ser una gran bailarina, pero renuncié a mi sueño porque usted me dijo que no tenía talento.

—Sí, eso se lo digo a todos.

—¡Cómo que se lo dice a todos! Yo renuncié a mi carrera de bailarina porque creí lo que me decía.

—Naturalmente —replicó el director—, la experiencia me dice que al final los que triunfan son los que dan más valor a lo que ellos creen de sí mismos que a lo que otros creen de ellos.

Uno se pregunta cómo es posible que haya personas que triunfan cuando todas las personas a las que consultan les dicen que fracasarán. ¿Por qué J. K. Rowling, que no tenía ninguna experiencia literaria, no desistió cuando varias editoriales le dijeron que su libro de Harry

Potter nunca tendría éxito? ¿Por qué John Lennon y Paul McCartney no abandonaron el sueño de ser músicos cuando su profesora de música les dijo que no tenían ningún talento? ¿Qué hizo que Thomas Alva Edison no tirara la toalla cuando el director del colegio le dijo a su madre que él no tenía cerebro para poder seguir unos estudios primarios? ¿Qué evitó que Walt Disney abandonara el dibujo cuando fue expulsado de un periódico por su «falta de imaginación»? ¿Por qué Michael Jordan no abandonó el deporte cuando se le apartó del equipo de baloncesto de su colegio?

Ellos tenían en su interior un sentimiento de certeza sobre su propio valor que les influía mucho más que las opiniones y los juicios de los supuestos «expertos». En todas estas personas que revolucionaron el campo en el que actuaron, existía una fuerza interior que les susurraba: «Tú vales mucho, no importa que los demás sean incapaces de verlo. Verás como antes o después el mundo entero lo descubre».

Si nos damos cuenta, todas estas personas de las que hemos hablado no solo mejoraron ciertas cosas, sino que las revolucionaron. Tal vez por eso encontraron tanta resistencia a sus ideas. A J. K. Rowling le dijeron que a los niños no les gustaban los cuentos largos. Ella creó un libro que enamoró por igual a niños y a mayores. John y Paul dieron al mundo una música que todavía nos conmueve. Thomas Alva Edison no mejoró el tipo de iluminación que había, sino que la transformó gracias a la invención de la bombilla incandescente. Walt Disney no hizo dibujos mejores, sino que cambió por completo el mundo de la animación. Michael Jordan no se convirtió en un jugador muy bueno, sino en un jugador único.

Todo esto me recuerda cuando a Richard Douglas Fosbury, un joven atleta norteamericano que estudiaba en la Universidad de Oregón, le preguntaron si estaba entrenándose para mejorar el salto de altura. Él contestó que su objetivo no era mejorarlo, sino transformarlo. Fosbury empezó a experimentar con la nueva técnica, luego llamada Fosbury Flop, cuando tenía dieciséis años, pues encontraba demasiado restrictivos los estilos que entonces se utilizaban para ejecutar esta disciplina deportiva. En 1968, durante los Juegos Olímpicos de México, mucha gente que no lo había visto antes se sorprendió al contemplar la técnica que Fosbury utilizaba y que le llevaría a ganar la medalla de oro y a establecer un récord olímpico con 2,24 metros, la mejor marca mundial de aquel año.

El primer paso para que otros crean en ti y te apoyen en tus proyectos es que creas en ti mismo. El primer paso para superarte es que creas que es posible y estés dispuesto a apostar fuerte por ti. Solo si hablas con confianza, la gente te verá fiable. Solo si hablas con entusiasmo, llamarás la atención. Solo si avanzas con decisión, invitarás a otros a seguirte. Solo si preguntas con determinación, obtendrás una respuesta.

12
HACER REALIDAD NUESTROS SUEÑOS

Cuando te asomes a los límites de lo que te parece posible y tengas que dar un paso en la oscuridad de lo desconocido, ten fe en que dos cosas pueden ocurrir. O encuentras algo sólido en lo que apoyarte o se te enseñará cómo volar.

PATRICK OVERTON

Cambiar un paradigma es cambiar una forma de ver las cosas. Esto no es algo fácil de conseguir si nos hemos acostumbrado a ver las cosas de una manera determinada y a esperar no lo que es posible, sino lo que nos parece razonable.

La fuerza de las ideas depende de su capacidad para transformarnos en el mismo proceso de hacerlas realidad. Por eso, lo importante no es el sueño en sí, sino lo que el sueño es capaz de hacer en nosotros para superarnos y ayudarnos a alcanzar nuestra plenitud. Todas las personas que han revolucionado la ciencia, la técnica, el pensamiento, las artes o el deporte han tenido que superarse a sí mismas y desplegar su potencial. Solo de esta manera han podido plasmar sus ideas en algo concreto y tangible. Todas ellas fueron capaces de abrir una ventana donde el resto de las personas únicamente veía un muro.

Estas personas que nos han hecho avanzar como sociedad crearon en un momento de sus vidas la posibilidad de algo que a nadie más o a muy pocos se les había pasado por la cabeza. Es cuando nos enamoramos del alcance que vemos en eso que ahora solo es una posibilidad, cuando estamos dispuestos a poner toda la pasión, toda la determinación y toda la paciencia que son necesarias para transformar un sueño en realidad. El éxito es consecuencia de un proceso constante de búsqueda, mejora y perfeccionamiento. Todo el mundo quiere experimentar «las mieles del éxito», pero muy pocas personas están dispuestas a pagar el precio para disfrutar de ellas. En este sentido, me gustaría contar la historia de un jugador de béisbol norteamericano llamado Ted Williams y que describe con excepcional maestría y belleza David Shenk.

Theodore Williams (1918-2002), mejor conocido como Ted Williams, apodado *The Kid* («El Niño»), jugó toda su carrera con los Boston Red Shocks. Ted Williams está considerado el mejor jugador de béisbol de la historia. Hay algunos datos sobre la vida de este extraordinario deportista que son muy ilustrativos de cómo un sueño se transforma en realidad.

Siendo niño, cuando llegaba de la escuela solía ir a batear a un campo cercano a su casa. Así, día tras día, año tras año. Era tal su determinación por mejorar que acababa rompiendo las cubiertas de las bolas. Sus manos se llenaban de ampollas y era frecuente que sangraran. A pesar del dolor, su pasión lo impulsaba a seguir golpeando una y otra vez la bola, incluso con bates astillados. Con sus escasos ahorros —lo normal en un hijo de familia obrera— pagaba a sus compañeros de clase para que recogieran las bolas mientras él bateaba. Cuando, una vez que apagaban las luces en la calle, regresaba a su casa, seguía practicando con un periódico enrollado, delante del espejo de su cuarto. Para fortalecer su visión, se tapaba alternativamente cada uno de los ojos. Si iba al colegio con ilusión era porque formaba parte del equipo de béisbol escolar. Después de las sesiones de entrenamiento, le pedía al entrenador las bolas gastadas para seguir practicando en casa después de la cena.

Ted Williams llegó a desarrollar tal habilidad que era capaz de intuir con una precisión increíble hacia dónde le enviaría la bola el lanzador. Podemos llamarle a esto obsesión, el caso es que muestra que llegar a la cumbre en algo implica un largo camino y un proceso de mejora constante. «Pensar en atajos fáciles, rápidos y sin esfuerzo no es sino un atractivo y seductor espejismo que carece de realismo, aunque algunas personas lo intenten vender con el mayor de los descaros».

Las personas que creen en su sueño y luchan por hacerlo realidad son conscientes de lo original y especial que es eso que ellos han creado en su mente y que nadie más ve como una posibilidad. «Para que una idea transformadora despliegue sus alas, no basta creer en su potencial, sino que es necesario querer de verdad hacerla realidad». Solo así se puede dar existencia en el mundo físico a lo que era simplemente una idea en el mundo sutil de lo mental. No hay amor sin dolor y, por ello, has de estar dispuesto a aceptar el dolor que surge de la soledad, de la incomprensión e incluso del rechazo a los cambios que tu idea genera. Por eso, el reconocimiento por parte de los demás es algo que puede tardar mucho en llegar.

Lucha por lo que crees

En la novela *El manantial,* escrita por Ayn Rand en 1943, se narra la vida de un arquitecto llamado Howard Roark que tiene una forma de entender la arquitectura radicalmente distinta a lo que era habitual en su época. A lo largo de la obra, se aprecia el nivel de incomprensión y rechazo que sufre el protagonista. Cuando Roark se compara con otros, observa que, mientras se contrata a arquitectos mediocres, a él nadie le ofrece trabajo. Muchos intentan seducirle para que se adapte a la moda imperante. Aunque Roark literalmente pasa necesidad, se mantiene firme en sus convicciones hasta que, finalmente, triunfa.

Hay quienes piensan que Ayn Rand se basó en la vida del gran arquitecto Frank Lloyd Wright, considerado uno de los más grandes profesionales de esta disciplina que han existido y cuyos extraordinarios edificios se pueden contemplar en algunos lugares de Chicago. «Howard Roark representa ese espíritu de querer cambiar las cosas en lugar de conformarse con lo que hay».

Sin esta hambre, sin esta ambición por el avance, la mejora y la superación hay poco que hacer. Si uno no cree de verdad en su proyecto y no está dispuesto a poner todo el empeño y el entusiasmo que son necesarios para sacarlo adelante, no pensemos que el mundo le va a ayudar. Casi todos estamos demasiado centrados en nosotros mismos como para mostrar un verdadero interés por los demás. «Por eso es tan importante poner todo lo que uno es en todo lo que uno hace». Solo cuando uno se entrega plenamente a lo que hace, aparecen los momentos de inspiración y descubrimiento. Si dependemos de la aprobación de los demás para seguir trabajando en aquellos proyectos vitales que nos inspiran y nos conmueven, no llegaremos muy lejos. «Las personas que piensan en grande no esperan a que las cosas sucedan, sino que son ellas las que las hacen suceder».

Además, conviene recordar que el éxito muchas veces se presenta en el momento y de la forma que menos imaginábamos. «Cuando la oportunidad te llegue, es demasiado tarde para que empieces a prepararte». Por eso, esfuérzate para seguir aprendiendo cosas nuevas. Has de estar listo para cuando surja la oportunidad. No te quedes aletargado, ponte en marcha. «No es necesario ser grande para empezar, pero sí es imprescindible empezar para ser grande». Nunca esperes las circunstancias ideales para actuar, porque nunca las vas a tener. Acuérdate de que muchas veces hacen falta cinco segundos de coraje para que no se te escape una oportunidad.

13
¡Salgamos de nuestra zona de confort y abracemos la incertidumbre!

La vida no se mide por el número de nuestras respiraciones, sino por el número de momentos que nos quitan la respiración.

Anónimo

Muchas veces, lo que necesitamos para superarnos no es otra cosa que sentir que somos capaces, aunque nos cueste, de superar nuestros miedos y nuestras aparentes limitaciones. Es imprescindible que haya algo en nosotros que nos haga percibir que dicho cambio, aunque pueda ser difícil, está verdaderamente a nuestro alcance. Una simple explicación de las ventajas de un cambio profundo no tiene la suficiente fuerza para movernos, para sacarnos fuera de nuestra zona de confort. Para dar un paso adelante con verdadero convencimiento no basta con que nuestra cabeza nos diga «¡Adelante!»; también el corazón tiene que sentirse inspirado, ilusionado y confiado.

Salir de la zona de confort tiene en las personas connotaciones muy parecidas a lo que para muchos animales implica salir de su madriguera. Tal vez dicha madriguera sea un lugar estrecho, frío, oscuro, incómodo y donde se pasa hambre, pero para el animal tiene un increíble encanto, porque le da seguridad. Imaginemos hasta qué punto esta sensación de seguridad se valora si el animal ha tenido alguna experiencia intensamente angustiosa al salir de la madriguera. Pensemos, por ejemplo, en un animal que ha logrado huir de milagro de un depredador e imaginemos su sensación de seguridad al entrar de nuevo en su madriguera.

Cuando nosotros salimos de nuestra zona de confort, al igual que cuando el animal sale de su madriguera, nos sentimos vulnerables, es decir, expuestos al sufrimiento. Hay muchas personas que no solo experimentan una cierta incomodidad cuando se sienten vulnerables, sino que realmente tienen una necesidad casi incontrolable de volver a un lugar donde no se vean tan expuestos e indefensos. Es importante comprender que este rechazo visceral a sentirse expuesto, y por tanto vulnerable, está claramente asociado con el miedo a sufrir, un sufrimiento que normalmente ya se ha producido en el pasado y que se encuentra almacenado como un registro en nuestra memoria emocional.

Si cambiar en algo nos es difícil, se debe a la propia resistencia que nosotros ofrecemos. Por mucho que se explique que todo crecimiento y evolución tiene lugar fuera de la zona de confort, dentro de uno, en la propia intimidad, se vive algo muy diferente: «Tal vez haya crecimiento y superación, sí, pero solo si uno sobrevive».

Es necesario recordar que en nuestro cerebro el dolor emocional se registra en zonas donde también se registra el dolor físico. Tal vez la vergüenza si fracaso no desgarre mi cuerpo, pero sí puedo sentir que desgarra mi alma. Muchas personas no toman decisiones importantes en su vida precisamente para no experimentar culpa o vergüenza si dichas decisiones resultan no ser las acertadas. «En el fondo, lo que hay, aunque esté escondido y oculto hasta de nuestra propia conciencia, es un miedo visceral a sufrir».

El *autoengaño* en el que estamos atrapados consiste en percibir nuestra zona de confort como el lugar donde nos sentimos seguros, pasando por alto que en realidad es la zona que hace que nuestra vida sea pequeña y no pueda alcanzar su plenitud. Recordemos también que, si el sentido de la vida es superarnos, crecer y evolucionar, la aventura de la vida es atreverse.

Es muy importante que seamos conscientes de que, una vez que saquemos el pie fuera de nuestra zona de confort, hay dos cosas que nos van a empezar a incomodar. Por un lado, está la reacción automática de miedo al sentirnos fuera de nuestro espacio conocido y familiar. Este es un miedo que se genera en el presente y no es agradable. Por otro, la sensación de incomodidad se intensifica mucho cuando nuestra imaginación empieza a proyectar todas las consecuencias horribles que experimentaremos si fracasamos, si cometemos un error. «Por eso es fundamental tener alguna estrategia para evitar que la imaginación intensifique el miedo». Si somos capaces de hacer frente única y exclusivamente a la reacción de miedo que experimentamos en el presente, sin permitir que se añada este miedo a lo que pueda ocurrir en el futuro, entonces tenemos mucho ganado, porque hemos reducido la talla de nuestro oponente. Como decía el gran filósofo norteamericano Emerson: «No conozco a ningún oponente que haya derrotado a más seres humanos que el miedo».

O NOS ENFRENTAMOS A NUESTROS MIEDOS, O NOS PASAREMOS TODA LA VIDA HUYENDO

Si queremos utilizar a nuestro favor la imaginación para que nos ayude a atrevernos más en la vida, hemos de visualizar cómo va a mejorar nuestra existencia al dar ese paso para superarnos. Los indios apache dicen que, si no estamos dispuestos a enfrentarnos a nuestros miedos, entonces nos pasaremos la vida huyendo. Las cadenas de acero atan las manos, pero es la mente la que nos hace libres o esclavos.

Nuestra zona de confort también se parece a un tiesto. Nosotros somos el arbolito que está en su interior. No importa si esta pequeña planta tiene el potencial de convertirse en un árbol espléndido en belleza, frondosidad y altura, porque mientras no rompa el tiesto no podrá desplegar su verdadera potencia. «Muchas personas se juzgan no por lo que de verdad son, sino por lo que creen que son. No seas tú una de ellas».

¡Ahora o nunca!

A la hora de abandonar nuestra zona de confort, la clave no es cómo pensamos, sino cómo actuamos. El pensamiento muchas veces se encuentra al servicio del mantenimiento de las cosas tal como están y no a favor del cambio y, por eso, nuestro pensamiento, que no nuestra inteligencia, es tan poco fiable. «Si se piensa mucho, acaba uno paralizado porque es muy fácil encontrar razones y justificaciones para no moverse». Es lo que conocemos como la parálisis por análisis. De hecho, nuestro pensamiento está ya muy habituado a trabajar de esta manera. Por eso, la clave es estar preparado para actuar cuando la situación se presente, sin dejarnos engañar por un pensamiento que lo único que hace es mantenernos atrapados.

Para hacer realidad todo gran sueño, hace falta mantener el esfuerzo por conseguirlo. Muchas personas no tienen el aguante que es necesario para sortear los distintos obstáculos que van apareciendo en su camino. Son muy pocos los que se atreven a salir de su zona de confort y aguantan la incomodidad y el dolor que con frecuencia se experimenta cuando se ha abandonado aquello que nos es conocido y familiar. «Por eso, al final, uno de los marcadores más claros del éxito en cualquier gesta que se emprenda es la determinación por triunfar contra viento y marea, ya que es de esta determinación, de este nivel de compromiso, de donde también surgen la persistencia y la paciencia que son imprescindibles para alcanzar metas que por su propia naturaleza resultan elevadas».

Son precisamente aquellas personas que se atreven a entrar en la incertidumbre, en lo desconocido, en lo que no es familiar, y resisten la tendencia a volver a su «madriguera», las que florecen y descubren su verdadero potencial. Son también esas mismas personas las que nos inspiran a los demás a creer más en nosotros mismos y también nos animan para arriesgarnos más en la vida. Por eso, cuando en nuestro caminar nos encontremos con obstáculos, recordemos que hay dos formas de verlos. Una de ellas es ver el obstáculo como un desagradable problema que nos genera incomodidad porque interfiere en nuestros planes; la otra es como un desafío que nos está llamando a estirar nuestras capacidades para poder crecer, evolucionar y así subir de nivel en esta escuela que es la vida.

Salir de la zona de confort y experimentar el crecimiento personal no implica que podamos tumbarnos al sol, dando por hecho que lo conquistado ya nos pertenece para siempre. «Las personas tenemos, en general, una marcada tendencia a la inercia, al mínimo esfuerzo y a creer que lo que uno ha ganado con tanto trabajo se mantiene por sí solo». Aquellas personas que han logrado escapar del hábito de fumar o beber en exceso saben que no pueden estar nunca con la guardia baja, porque corren el peligro de caer de nuevo en el mismo hábito.

No cabe duda de que este hecho puede parecernos injusto, pero lo sea o no es bien real. Hay un dicho popular que reza: «La cabra siempre vuelve al monte». Es un reflejo de nuestra tendencia a caer en los hábitos que se han reforzado a lo largo de la vida. Es importante que estemos al tanto de esta tendencia porque, como digo, es frecuente que exista dentro de nosotros mismos. Si después de bajar peso con una dieta exigente uno se descuida y un día se come un pastelillo, es más fácil que al día siguiente se tome dos. Esto no quiere decir que tengamos que llevar una vida espartana, sino que hemos de ser conscientes de que esta tendencia a volver a caer puede estar ahí agazapada, como un tigre esperando a lanzarse sobre su presa.

CAMBIAR SÍ ES POSIBLE, AUNQUE CON FRECUENCIA NO ES FÁCIL

Cuando queremos desarrollar un nuevo hábito, no basta con deshacerse del viejo y sustituirlo, sino que hemos de mantener esta costumbre recién adquirida hasta el final de nuestros días. «Recordemos una vez más que el precio de la libertad es la eterna vigilancia».

Hay un término que es la acedia y que refleja una enfermedad del ánimo. Es como si nos desmoralizáramos al considerar que no tenemos ninguna opción de cambiar algo en nuestra forma de ser. Esto se ve con frecuencia, y es lógico que así sea, en personas que han hecho un enorme esfuerzo para librarse de un hábito dañino y luego, en un momento de debilidad, caen estrepitosamente en la misma conducta que creían ya superada. En esos difíciles momentos, uno puede perder su fe en el futuro y, por consiguiente, su fuerza en el presente.

Aprender un idioma requiere tesón; practicar un deporte con algo de maestría precisa asimismo un gran esfuerzo, lo mismo que dominar el arte de hablar bien en público o cantar ópera de manera profesional. No somos estúpidos, pero a veces somos muy ingenuos e incautos y compramos lo que promete mucho y luego no da nada.

Hace tiempo escuché en Estados Unidos que querían apodar a un antidepresivo muy conocido «la píldora de la felicidad». Parece mentira tener que escuchar semejante insulto a nuestra inteligencia y, sin embargo, nuestra inclinación a evitar el esfuerzo puede hacer que caigamos fácilmente en este tipo de trampas y creamos lo que anuncian este tipo de denominaciones. Un conocido mío que daba cursos de formación, cuando veía que los participantes esperaban que de alguna manera solucionara sus vidas en un curso de unas horas, solía decir: «Yo he hecho un pacto con Dios. Él no da cursos y yo no hago milagros».

La hora de los valientes

En los momentos en los que nos sintamos más débiles y nos falte esa fuerza de voluntad para continuar es cuando tenemos que proyectarnos al futuro, recordando que «nuestra fuerza en el presente depende de nuestra fe en el futuro». Hemos de sentir ese futuro extraordinario que podemos crear si somos capaces de mantenernos fuertes ahora y frente a la dificultad. Si vemos con claridad que es en nuestro presente donde nos estamos jugando nuestro futuro, podremos ser plenamente conscientes de la urgencia y la importancia de actuar de una forma determinada.

He escrito unas líneas con la ilusión de que te sirvan de inspiración en los momentos en los que sientas esa llamada a superarte:

> Saldré de mi madriguera y me atreveré más en la vida. Sé que, si despliego este coraje y esta determinación, cometeré errores y experimentaré fracasos, pero también aprenderé, creceré y empezaré a florecer como persona. Tengo la certeza de

que, a medida que explore el mundo que está fuera de mi madriguera, aprenderé a resistir mejor los contratiempos porque me iré transformando como persona.

Además, entenderé mucho mejor lo que me está pasando en cada momento y podré gobernar mi estado de ánimo, con lo cual seré mucho más libre. Aguantaré mucho mejor las dificultades y las acometeré con mucha más determinación, fuerza y confianza. Tendré mucha más alegría, ilusión y entusiasmo en el día a día y prestaré más atención a lo que está bien que a lo que está mal. De esta manera, disfrutaré mucho más de los pequeños éxitos y me afectarán mucho menos las desilusiones.

Además, mi capacidad de recuperación será cada vez mayor. Al no estar permanentemente a la defensiva y con la alarma puesta, experimentaré mucho menos desgaste mental y físico, con lo cual estaré más relajado, estaré más sano y tendré mucha más energía para enfrentar cada día con verdadero entusiasmo y pasión.

Además, mejorará mi inteligencia, mi capacidad de observación, mi velocidad de aprendizaje y mi creatividad. Estaré mucho menos irritable y será más fácil crear relaciones de encuentro con otras personas. Desarrollaré una mayor agudeza sensorial, una mayor generosidad y un mayor espíritu de contribución. Es así como podré descubrir en el entorno oportunidades y posibilidades frente a las que ahora estoy completamente ciego.

Por eso, hoy me atreveré más en la vida.

Recordemos, para resumir, que la mente humana no es un cubo vacío que hay que llenar, sino un fuego que hay que encender. Por eso, lo que quiero proponerte es que utilices tu imaginación y tus emociones para crear en tu mente una realidad que te inspire y te entusiasme. Dedica unos minutos cada día a reflexionar sobre aquello en lo que quieres superarte y por qué quieres superarte. Usa tu imaginación y el poder de tus emociones para experimentar cómo se va transformando tu vida a medida que vas superando tus aparentes límites. Imagina el impacto positivo que ello puede tener también en la vida de otras personas. Si eres capaz de visualizarlo en tu mente y de sentirlo en tu corazón, tu fuerza será imparable.

14
La verdad que nos libera

No sabiendo por dónde veré amanecer, abriré todas las ventanas.

Emily Dickinson

En este capítulo quiero, como continuación de lo que hemos visto en el anterior, proponerte una serie de reflexiones y de estrategias que te puedan ayudar a convertir tus experiencias negativas en oportunidades para aprender valiosas lecciones. Da por hecho que el camino del éxito es también el camino de la superación del fracaso.

La única manera de mejorar algo es aprender de nuestros errores, algo que no es posible si los ocultamos, los negamos, los ignoramos o los utilizamos como medio para atacarnos a nosotros mismos, despreciarnos y hundirnos en vez de como fuente de información. Cuando te atrevas más en la vida, algunas cosas te saldrán como quieres y otras como no quieres. Así, en esos momentos de especial dificultad porque hemos fracasado, tenemos que ser capaces de extraer algo bueno incluso de donde parece que no existe.

La fortaleza mental para seguir adelante a pesar de los obstáculos, los fracasos e incluso las adversidades es la capacidad más importante que todos tenemos que aprender a desarrollar y es la base del carácter. Esto es lo que nos va a permitir crecer, madurar y superarnos. Al final todo va a salir bien y, si de momento no está saliendo bien, es porque todavía no es el final. Por eso, y para empezar, hemos de ver las cosas como son y no peor de como son. Si eres una persona que tiene una tendencia marcada hacia el pesimismo, es necesario que hagas un esfuerzo aún mayor para evitar ser arrastrado hacia el «pozo del desánimo». Si nos amparamos en todas las excusas y justificaciones que podemos encontrar para no actuar con confianza, entusiasmo y determinación, jamás podremos conseguir los resultados necesarios para alcanzar el éxito. Las excusas y las justificaciones tienen poder sobre nosotros porque se lo damos al creer que tienen suficiente validez como para impedirnos triunfar.

Además, cuando pensamos que todo está mal y que no podemos recuperarnos de los fracasos que experimentamos, nos llenamos de ira, de sensación de impotencia y también de desesperanza. Es importante que en esos momentos de especial dificultad recuperemos nuestro equilibrio emocional y nos demos cuenta de que hay muchas cosas que todavía están bien en nuestra vida. Recordar esto es como encender una luz en medio de la oscuridad.

NO ES SOLO LO QUE HAY, SINO TAMBIÉN LO QUE PODRÍA HABER

Hay que dar un paso más para seguir sintiendo esperanza en medio de la desesperanza y para generar confianza e ilusión en medio de la duda y de la sensación de impotencia. Nosotros hemos de utilizar de nuevo el extraordinario poder de la imaginación para crear, para dar a luz una posibilidad inspiradora. «Se trata de generar en nuestra mente esa imagen no de cómo las cosas parece que son, sino de cómo las cosas podrían llegar a ser». Finalmente, hemos de ponernos en marcha con decisión para que esa posibilidad que hemos creado a nivel mental se transforme en una realidad a nivel físico. No podremos inspirar a otros a superar unos determinados límites si nosotros no creemos que es posible hacerlo y si no nos convertimos para ellos en un auténtico ejemplo de superación, a base de levantarnos y volver a andar.

PREGUNTAS QUE DESVELAN MUNDOS

La soberanía sobre nuestra atención es esencial en todo este proceso. Recordemos que «aquello en lo que pongamos nuestra atención se va a hacer siempre más real para nosotros». Si solo situamos nuestro foco en los aspectos negativos de las cosas, nos faltará el ánimo para ponernos en marcha con esa determinación y esa confianza que son necesarias para que las cosas mejoren como realmente pueden llegar a hacerlo.

La atención depende en gran medida del tipo de preguntas que nosotros nos hacemos. Si, ante un tropiezo o un fracaso, la única pregunta que me hago es: «¿Por qué nunca hago nada bien?», lo normal es que el sentimiento que se active en ese momento sea la ira. Sin embargo, si la pregunta que me hago es: «¿Qué puedo aprender de este error?», entonces probablemente notaré que empiezo a sentir interés y curiosidad.

«Todos tenemos una tendencia a sentirnos de una manera u otra, porque todos tendemos a hacernos unas preguntas u otras». Toda pregunta intenta observar un aspecto de la realidad. Lo que ocurre es que ciertos aspectos de la realidad nos animan a actuar de una forma ilusionada y constructiva, mientras que otros actúan al contrario. «Es potenciando la luz como poco a poco se va desvaneciendo la oscuridad». Cuanto más tiempo pasemos contemplando la oscuridad, más quedaremos atrapados en ella.

15
Tus grandes recursos

En medio del frío invierno, descubrí al fin que dentro de mí hay un ser invencible.

Albert Camus

Decía Albert Einstein: «Ningún problema importante puede ser resuelto en el nivel de pensamiento en el que surgió». Cuando nos encontramos ante un obstáculo que no sabemos cómo resolver o ante un fracaso que no sabemos cómo superar, es porque necesitamos algún recurso que no estamos utilizando. Encontrar ese recurso nos obliga a superar los límites que nos marca nuestra identidad. Nuestra identidad es aquello que para nosotros define quiénes somos.

Es como si fuéramos actores de teatro y nos pusiéramos, por ejemplo, un disfraz de mosquetero. Si estamos realmente metidos en nuestro papel y alguien nos pregunta por nuestra identidad, por quiénes somos, sin duda contestaremos: «Yo soy un mosquetero». Si analizamos qué es lo que se le da bien a un mosquetero, en seguida nos daremos cuenta de que es rápido, ágil y muy diestro con su florete. No cabe duda de que un mosquetero tiene una serie de valiosos recursos que son de especial importancia en un combate.

Imaginemos una situación diferente. El personaje que vamos a interpretar ahora es un gran escritor, alguien capaz de inspirar y conmover con su pluma. Alguien capaz de influir a través de sus escritos en la cultura de todo un país o incluso del mundo. Me viene a la cabeza el gran escritor Charles Dickens, cuyas novelas cambiaron la forma en que en el Reino Unido se vivía la Navidad, la manera en la que se gestionaron los hospicios e incluso la manera en la que se trataba a los niños empleados en las fábricas. Un gran escritor como Dickens tenía unos recursos fabulosos a la hora de influir, pero no de combatir.

Por sorprendente que nos parezca, la investigación en psiquiatría y en psicología revela algo fascinante. Hay muchas personalidades dentro de nosotros, hay un gran número de identidades distintas. Cada una de estas personalidades de las que ahora hablamos tiene unos determinados recursos y ofrece una serie de posibilidades distintas. Cuando yo me identifico con una de ellas, dispongo de los recursos que esa identidad me ofrece, única y exclusivamente de los que posee; sencillamente, no puede ofrecerme los que no tiene.

No es fácil que nuestra mente acepte esto, porque generalmente nos definimos a nosotros mismos de una manera muy rígida y congelada.

Lo que quisiera transmitirte es que, si nos identificamos plenamente con algún tipo determinado de papel, de personalidad, de identidad, y no somos capaces de resolver una situación, es porque esa identidad no tiene los recursos necesarios para poder resolverla. Imagínate al mosquetero intentando influir con su pluma o al escritor tratando de defenderse con el florete.

En el universo de los arquetipos

Diversos investigadores como Carl Gustav Jung se dieron cuenta de que hay una serie de arquetipos, una serie de posibles identidades que, cuando las tomamos, nos aportan recursos a los que previamente no teníamos acceso. Es como si nuestro escritor saliera un día de su casa y se encontrara con unos espadachines que quieren acabar con su vida. Si en ese momento tuviera la capacidad de transformarse en mosquetero, accedería a esos recursos que podrían ayudarle a salvar su vida.

Cuando uno se sitúa, asume uno de los arquetipos, ha de meterse en el papel, tomar una postura determinada e incluso emitir un sonido característico que le haga sentirse como el personaje, el arquetipo con el que se está identificando.

Vamos a considerar cuatro arquetipos «junguianos»: el guerrero, el mago, el amante y el soberano. Representan cada uno una forma de estar, de sentir y de percibir el mundo. Ellos aportan una perspectiva única a la hora de dar significado a una realidad compleja. Estos arquetipos nos ofrecen ideas, sugerencias y propuestas para ver las cosas de una forma determinada y actuar en consecuencia. Solo si la vemos, podremos actuar de acuerdo a esa nueva realidad frente a la que previamente estábamos ciegos.

Aunque los cuatro arquetipos son diferentes, todos ellos buscan el crecimiento de la persona y su contribución a la creación de un mundo mejor. El guerrero, el mago, el amante y el soberano tienen una visión positiva de la vida y desde ahí informan y proponen. Ahora bien, aquello de lo que informan y aquello que proponen es diferente, porque, como ya hemos comentado, cada uno de ellos ve una parte de la realidad y tiene unos recursos y competencias determinados.

El arquetipo del guerrero

El guerrero es acción y fuerza. «Es el poder aplicado a la construcción de vínculos entre las personas y no a la destrucción de ellos». Es la fuerza aplicada a corregir los problemas y no a atacar a las personas. El guerrero jamás se enfrenta con los demás, sino con los límites que le impiden ver las cosas como son en realidad. El guerrero ataca a los prejuicios, a las creencias limitantes, a las conductas violentas. Su objetivo no es dañar, sino corregir. Su meta no es dominar, sino ayudar. Por eso es una fuerza sin violencia. Es duro con la conducta dañina y suave con la persona. Se trata de un guerrero pacífico, como lo describe tan bellamente Dan Millman.

El arquetipo del mago

«El mago es el arquetipo que sabe que los milagros existen y que pueden tener lugar en un instante». El mago sabe que una sonrisa puede devolver en un segundo la ilusión a una persona. El mago sabe que con un simple acto de generosidad se puede devolver la esperanza y que con un sencillo gesto de apoyo se puede devolver la confianza. El mago conoce hasta qué punto nuestro ego enreda todas las cosas y, como es capaz de ver lo invisible, también es capaz de comprender lo que en realidad es posible. El mago es creativo y profundamente intuitivo. Además, maneja el sentido del humor con destreza inigualable. El mago es capaz de crear un milagro sin que haya lucha. Basta un simple chasquido de sus dedos para que algo nuevo se manifieste.

El arquetipo del amante

El amante es el arquetipo que está conectado con todo, con las rocas, con los animales, con otras personas, con la Vida. Es la parte más pura. Sabe que las cosas se solucionan con amor. El amante sabe que lo que nos separa a las personas es nuestra apariencia. El amante sabe que todos tenemos ilusiones, sueños, preocupaciones, miedos y luchas internas. El amante sabe que, en el fondo, todos somos uno. Para él, la vida es amor y, por eso, si pones amor, también hay vida. El amante propone devolver bien por mal y generosidad donde haya mezquindad. «El amante sabe que el mejor antídoto del miedo es el amor».

El arquetipo del soberano

El soberano es quien sabe por qué estamos aquí. «Él conoce el sentido y la misión de nuestra vida». El soberano lo ve todo con enorme sabiduría. Nos habla de no juzgar y de elegir nuestras palabras y nuestras emociones con cuidado. Es el que nos ofrece propuestas sobre cómo orientar nuestra vida para que florezca completamente y alcance su plenitud.

* * *

«Los arquetipos no son ficciones, son dimensiones de la persona que hablan de su verdadero potencial». Los arquetipos han de estar en equilibrio, para que la persona en su conjunto no solo esté también en equilibrio, sino para que además sea operativa y capaz de poner en marcha una transformación positiva.

En el ejercicio con estos arquetipos, lo primordial es que la persona se haga a sí misma una pregunta para la que quiera encontrar solución. Lo que está haciendo es explorar alternativas que, de momento, ni siquiera se le han pasado por la cabeza. Una vez que se ha hecho a sí misma la pregunta, precisa de los arquetipos para que le aporten la perspectiva y los recursos necesarios para contemplar las cosas de una manera diferente a como anteriormente lo había hecho. Si ve algo nuevo, una nueva oportunidad, entonces podrá tomar otras resoluciones que le permitan también crear un nuevo futuro.

Trabajando con los arquetipos

Te propongo que tomes la posición y empieces a percibir la sensación que corresponde al arquetipo con el que te estás identificando y entonces, desde la parte de tu cuerpo en donde más sientas la presencia del arquetipo, comienza una conversación con él:

—Ante esta situación, mi guerrero me dice que...

Cuando se observa a alguien practicando este ejercicio, es muy interesante darse cuenta de cómo, tras un periodo de silencio, la propia persona dice, por ejemplo:

—Mi guerrero me dice que actúe con más generosidad y compasión.

Después de haber trabajado desde la identidad del guerrero, se trabaja desde los otros arquetipos. Yo tengo experiencia en este proceso y lo que puedo decir es que te llegan las palabras y las sensaciones sin que tú voluntariamente las estés fabricando.

«En realidad, la utilización de estos arquetipos es una manera de entrar en contacto con nuestro maestro interior». Esa parte que está dentro de cada uno de nosotros y que está tan alejada de nuestra consciencia automática, estrecha y ordinaria. El trabajo con los arquetipos permite entrar en contacto con ese maestro interior porque:

1. Abrimos nuestra mente a la posibilidad de que realmente exista dentro de nosotros una dimensión más profunda de lo que habitualmente consideramos.
2. Penetramos en nuestro interior, desconectándonos del mundo externo. La contemplación de la propia vida interior es uno de los ejercicios más fecundos que podemos hacer.
3. Abrazamos el silencio de la reflexión, un silencio que no es el de la mudez, sino el de la escucha atenta a realidades sutiles que habitan en la persona.
4. Nos posicionamos desde la humildad que implica reconocer que no sabemos y que queremos saber.

La utilización de los arquetipos es un camino concreto, eficaz y brillante para conectar con nuestro auténtico potencial. Mediante la utilización de los arquetipos, dejamos de pensar en lo que nos hace sentirnos tan pequeños e incapaces y descubrimos aquello que necesitamos pensar, decir y hacer para empezar a mejorar una determinada situación. Es como si descubrieras que en tu proceso de superación personal nunca estás solo.

Tercera etapa

Trascenderse para descubrirse

Las cosas que no se pueden pesar ni medir son mucho más importantes que aquellas que sí se pueden pesar y medir.

Alexis Carrel
Premio Nobel de Medicina y Fisiología,
padre de la cirugía vascular

16
¿HAY ALGO MÁS DE LO QUE VEMOS?

El Espíritu se parece al viento en que, aunque no lo podemos ver, sus efectos son muy claros y profundos.

J. CARTER

Vamos ahora a entrar en la tercera etapa, que es la de transcenderse. Trascenderse quiere decir ir más allá de uno mismo. Curiosamente, no se trata de avanzar hacia afuera, sino de penetrar hacia dentro. Se trata de recorrer la distancia entre lo que uno cree que es y lo que uno de verdad es. Trascenderse lleva a descubrirse. Cuando tú descubras lo que eres, te darás cuenta de que no importa si eres rico o eres pobre en el sentido habitual de estas palabras. Tampoco importa si tienes trabajo o no lo tienes o si estás sano o estás enfermo. Tú serás consciente de que tu valor es incuestionable y de que en tu esencia eres perfecto, eres completo y, por consiguiente, no hay nada que cambiar.

Hemos dedicado dos partes de este libro a hablar de cómo conocerte, para poder comprenderte y así superarte. Juntos hemos recorrido un camino que nos ha llevado desde el cerebro hasta los genes, desde la imaginación hasta la motivación y desde nuestra zona de confort hasta el mundo de la incertidumbre. Hemos estudiado la raíz en la que se asientan nuestros hábitos y te he propuesto estrategias para cambiarlos. Sin embargo, ahora te digo que, en tu esencia, tú no tienes nada que cambiar porque ya eres perfecto. Bienvenido al mundo de la paradoja, el mundo donde es de día y de noche a la vez, el mundo de los eclipses, el mundo del misterio. Ahora hemos de tomar un rumbo nuevo para explorar aquello que no es evidente y que, sin embargo, mi experiencia y tal vez la tuya nos dice que sí es real.

Si recuerdas, durante mucho tiempo la teoría mecanicista nos servía para explicar el mundo; para la física no había otro mundo posible. Sin embargo, los descubrimientos en física cuántica demostraron que sí existía otro mundo, uno más íntimo y más sutil, subatómico, que se comportaba de una manera radicalmente diferente al hasta entonces conocido. El hecho de que exista la física cuántica no implica que la física newtoniana no tenga ya valor, sino tan solo que esta última no es capaz por sí sola de explicar toda la realidad. Por eso, si queremos vivir en lo real, hemos de comprender cómo se puede uno relacionar con ambos mundos, el que muestran los sentidos y el que solo muestra el corazón.

Vivimos, por tanto, inmersos en dos mundos, uno material, en el que se puede experimentar el goce que colma los sentidos, y otro más sutil, llamado espiritual, que no colma los sentidos, sino el corazón. Quiero pedirte desde la humildad y desde mi deseo de añadir valor a tu vida que me acompañes en este viaje hacia tu interior. En un viaje donde, por paradójico que resulte, no existe la distancia porque tampoco existen ni el tiempo ni el espacio. Es un viaje al mundo de lo inefable, donde las palabras no sirven para explicar, sino tan solo para orientar.

Creo, sinceramente, que es en esos momentos en los que las personas experimentamos nuestra gran fragilidad y nuestra enorme vulnerabilidad, cuando más necesitamos sostenernos en algo cuya estabilidad es incuestionable. Es también en esas ocasiones en las que perdemos a alguien extraordinariamente querido y sentimos que en nuestra vida todo se derrumba, cuando más necesitamos que algo nos sostenga para que no caigamos en el pozo de la desesperanza o para que nos eleve si ya hemos caído en él. Considero que, aunque nunca podremos comprender aquello que es un misterio, sí podemos experimentar su presencia de una forma clara y rotunda en nuestras vidas. Muchas veces no es necesario comprender algo para poder experimentarlo.

Esta es la razón que me lleva a animarte a que explores con curiosidad y sin que medie ningún tipo de dogmatismo esta dimensión que, al menos en mi vida, ha añadido un valor único y extraordinario. Ser feliz ha de ser algo más sutil, más profundo y más estable que lo que experimentamos cuando decimos que las cosas nos van bien. El bienestar subjetivo puede formar parte de esa vivencia íntima a la que llamamos felicidad. Lo que el bienestar subjetivo no explica por sí solo es esa experiencia profunda de paz interior que se puede poseer incluso en las condiciones más adversas.

A lo largo de la historia de la humanidad, diferentes tradiciones han hecho énfasis en la idea de que existe esa otra dimensión de la que ya hemos hablado y que es diferente a la que captan nuestros sentidos. Esta dimensión no sujeta a las leyes de la materia ha sido denominada la dimensión del espíritu. Desde Platón hasta Buda, pasando por Lao Tse o Confucio, en los últimos dos mil quinientos años se viene insistiendo en que esta faceta de la persona es tan importante que, si no se vive con ella, no es posible ser feliz. Jesucristo habló a lo largo de toda su vida, y con inigualable fuerza y hermosura, de un Reino que no era de este mundo.

Yo sé que hay muchas personas que se sienten ofendidas ante cualquier cosa que tenga un cierto «olor» a metafísico. Se aferran a la idea de que lo único que es real es la materia y que el resto solo son un conjunto de tonterías utilizadas para embaucar a una serie de personas crédulas.

Además, tenemos la figura de Dios, que genera en algunas personas tanta inspiración y en otras, sin embargo, produce tanto rechazo. Suelen sentir inspiración quienes viven la presencia de Dios en sus vidas como una guía imprescindible para alcanzar toda su plenitud. Entre quienes lo rechazan se encuentran aquellos que aparentemente afirman creer en Él y, sin embargo, desmienten con sus vidas que esto sea así. Dicen seguir a Dios, pero lo hacen por tradición familiar o por miedo a las consecuencias que pudieran derivarse en «la otra vida» si ahora se apartan de Él. En el fondo, de seguir a un dios, posiblemente preferirían hacerlo por otro motivo diferente al miedo.

También están aquellas otras personas que rechazan la figura de Dios como fuente de amor incondicional, pero que utilizan su nombre para someter a los demás por medio del temor al castigo. Es muy humano que los que han tenido que sufrir a estas personas fundamentalistas hoy sientan «alergia» ante la simple mención de lo divino.

También hay muchos seres humanos que, al contemplar las injusticias del mundo y el sufrimiento de los inocentes, se rebelan ante la idea de que pueda haber un dios bueno. Cuando Albert Camus era niño, vio, mientras paseaba por una calle de Orán, cómo un camión atropellaba y mataba a otro niño. Entonces, dirigiéndose al amigo junto al que se encontraba, alzó sus ojos al cielo y dijo: «Ves, y Él calla».

Hablemos ahora de aquellas personas que rechazan de plano la existencia de Dios o de una dimensión espiritual en la realidad. Este rechazo, esta aversión, puede tener varios orígenes. Uno es —como hemos comentado antes— el haber desarrollado una especie de «anticuerpos emocionales» ante cualquier palabra que suene a espiritual; detrás de este malestar suele haber una experiencia pasada que asocia un sufrimiento personal a cierta imagen de Dios. También encontramos gentes que, sencillamente, no ven la necesidad de creer en algo o en alguien que les trascienda. Sin embargo, hay también algunas personas que, como Marx, Nietzsche o Freud, celebradas como grandes pensadores, no solo consideraron absurdo creer en Dios, sino también perjudicial. Para Marx, la religión —recordemos que religión quiere decir «volver a unir» al hombre con Dios— no era sino el opio del pueblo, la droga que utilizaban los poderosos para que los pobres se consolaran pensando que lo que no podían disfrutar en la vida terrenal lo obtendrían en la vida celestial. El creador del psicoanálisis, Sigmund Freud, pensaba que la religión era una forma de neurosis y por eso durante un tiempo trató de eliminar en sus pacientes lo que él consideraba «ideas perjudiciales». Finalmente desistió, porque se dio cuenta de que a varios de ellos estas creencias religiosas les ayudaban a superar momentos difíciles en sus vidas. Hemos de citar asimismo al filósofo alemán Nietzsche, en cuya idea del «superhombre» la creencia en Dios no supone otra cosa que un estorbo para que el ser humano alcance su plenitud. Estos tres pensadores son conocidos como «los maestros de la sospecha».

En épocas posteriores ha habido también pensadores muy relevantes, como el filósofo existencialista ateo francés Jean-Paul Sartre, que entendían la figura de Dios como un tremendo impedimento para que el hombre pudiera vivir en base a su esencia. Recordemos que Sartre sostenía que «el hombre es libertad». Si uno quería aspirar a vivir según su auténtica naturaleza, que era la libertad, Dios no era sino un molesto impedimento.

¿Se puede demostrar de forma absoluta e incuestionable la existencia de Dios?

Demostrar sin género de duda la existencia de Dios no parece que en principio sea posible. «Por eso la fe en algo sobrenatural no es un acto del entendimiento, sino de la voluntad». En base a ciertas percepciones y experiencias que una persona puede tener, percepciones como la extraordinaria belleza e inteligencia que existen en la naturaleza y experiencias como determinados momentos de paz, serenidad y claridad increíbles, esa persona puede abrirse a la existencia de Dios como una posibilidad que para nada repele a la razón. Sin embargo, a partir de aquí es la voluntad la que ha de decidir si va a actuar con el sentimiento de confianza que acompaña a quien sabe que algo es completamente cierto.

Lo primero que es muy importante resaltar aquí, a fin de disolver algunos malentendidos, es que «la ciencia ni afirma ni se opone a la existencia de Dios». La ciencia simplemente suspende el juicio, es decir, responde a la pregunta «¿Existe o no existe Dios?» con un «no sé».

Esta es la postura agnóstica y es del todo lógica, porque los instrumentos de los que dispone hoy por hoy la ciencia para estudiar la verdad de las cosas no sirven para analizar esta dimensión espiritual, en caso de que existiera. Sin embargo, dentro de los científicos ha habido personas de gran talla que sí han creído profundamente en esta dimensión espiritual. Algunos ejemplos son Albert Einstein, David Bohm o Niels Bohr, todos ellos ganadores del Premio Nobel de Física.

Lo que se opone a la dimensión espiritual de la existencia no es la ciencia, sino el cientificismo, que es una corriente filosófica que niega la existencia de todo aquello que no se pueda medir o pesar. Para el cientificismo, lo real es solo lo evidente. El cientificismo no es ciencia, aunque intente ampararse en ella. En realidad, es una doctrina filosófica de corte dogmático y totalitario que impone sus argumentos como si fuera otra forma de fe, que en este caso hay que acatar. Para el cientificismo, repito, solo lo evidente es real.

Cada uno ha de llevar a cabo su propia exploración, si así decide hacerlo, para entrar en contacto con esta posible dimensión espiritual de la existencia y descubrir por sí mismo si se trata de una dimensión real o no. Lo importante, en mi opinión, no es llamar a esa dimensión Dios, Universo, Consciencia Cósmica, vida o Yo Supremo; lo importante es tener una experiencia personal e íntima que nos ayude a desarrollar nuestras vidas con verdadera alegría, serenidad, confianza y espíritu de contribución, especialmente en esos momentos en los que todo a nuestro alrededor se tambalea.

Lo que voy a compartir contigo son unas reflexiones y unas pautas sencillas para explorar la posibilidad de que esta dimensión de lo espiritual forme parte de la realidad y pueda, por ello, aportar un verdadero valor a tu vida.

TAL VEZ ALGO MÁS QUE UNA CURIOSA HISTORIA

Voy a contarte una experiencia sorprendente que tuve hace muchos años y que me dejó perplejo. Lo voy a hacer con la intención de compartir algo contigo, dejando, como no podría ser de otra manera, que seas tú quien decida si crees o no la historia y si podrías encontrar una explicación más lógica que la que yo te voy a ofrecer.

Hace bastantes años, decidí hacer mi especialidad médica en Estados Unidos. Para ello, lo primero que tenía que hacer era convalidar mis estudios médicos en dicho país. La convalidación solo se lograba tras pasar un examen sumamente complejo, un test de múltiple elección que contenía mil doscientas preguntas. Este test abarcaba todos los estudios de la carrera de Medicina y tenía dos partes, una preclínica y otra clínica. Cada pregunta que se contestara erróneamente puntuaba negativamente, es decir, reducía en un cuarto de punto la puntuación final. El examen se hacía a lo largo de dos días. Yo me fui a Nueva York a prepararlo en una academia especializada en este tipo de pruebas. Todos los días pasaba en la academia trece horas diarias, haciendo tests que iban posteriormente acompañados de una breve explicación de por qué cierta respuesta era la correcta y no cualquier otra. Además, nos daban un montón de lecturas que teníamos que hacer al llegar a casa. En una ocasión, me vi tan superado por la cantidad de materia que tenía que aprender y que parecía tan por encima de mis capacidades, que rompí a llorar en mi apartamento.

Dado que volvía agotado a casa y no sabía cocinar, normalmente solía tomar cualquier cosa en el camino, ya entrada la noche. Un día entré en el establecimiento de una conocida cadena de hamburguesas. Me iba a sentar en una mesa cuando, por alguna razón que desconozco, me percaté de que en otro de los espacios de aquel establecimiento, un espacio que yo veía parcialmente, asomaba la esquina de un póster que estaba en la pared. Por alguna otra razón que tampoco sé muy bien cómo explicar, cogí mi bandeja y me fui hacia allí. Como había una mesa vacía, me senté al lado del póster y lo miré con gran curiosidad. Me sorprendieron muchísimo dos cosas. La primera, que hubiese un cartel de ese tipo en un establecimiento como aquel. Además, aquella imagen describía algo de lo que jamás yo había oído hablar ni había estudiado en ninguno de los libros que había manejado en mis seis años de carrera de Medicina. Había un titular en la parte superior que decía: «Maniobra de Heimlich». Resulta que esta maniobra se utiliza en personas que se atragantan. Había unos dibujos fantásticos que mostraban cómo hay que colocarse detrás del atragantado, poner los brazos alrededor de su abdomen, justo por debajo de las costillas, y tirar con fuerza para aumentar la presión intraabdominal. Esta presión empuja hacia arriba el diafragma, que a su vez comprime los pulmones, aumentando la presión intrapulmonar. La presión intrapulmonar, desde dentro, empuja hacia afuera al objeto que se ha quedado incrustado en la glotis e impide que la persona pueda respirar. Me resultaba increíble que nadie me hubiera hablado de algo tan importante en los seis años que había durado mi carrera de Medicina.

Al día siguiente volví a mi rutina habitual de levantarme temprano e ir andando desde donde vivía hasta el centro de formación, muy cerca de Central Park. Por la noche, me apeteció volver a contemplar aquel póster en el establecimiento de hamburguesas. Me sorprendió ver que ya no estaba. Tampoco le di más importancia; me comí mi hamburguesa y volví a mi apartamento en Manhattan.

Continué con mi duro ritmo de estudio y con el tiempo me olvidé de aquello. Una vez que hice el examen en Nueva York, cogí un avión de vuelta para España. Viajaba en una línea que ya no existe, la TWA. Me habían dado un asiento en clase turista bastante atrás y cerca de los motores, que hacían un ruido de lo más incómodo. Yo estaba sentado en el lado de la derecha, junto a la ventanilla. A mi izquierda, dando al pasillo derecho del avión, se sentó un joven estadounidense de unos veinte años. Solo hablamos unos minutos. Llegó la hora de la cena y ambos pedimos una carne troceada que servían con un poco de arroz y una salsa muy rica de color blanco. Yo estaba disfrutando de mi cena, cuando aquel chico empezó a proferir gemidos muy raros y a mostrarse un poco inquieto. Justo en ese momento, una de las azafatas pasaba junto a él. El chico se levantó como si algo grave le estuviera pasando. La azafata se dio cuenta antes que yo de que se estaba ahogando. Todo pasó en un instante. Ella empezó a hacerle la maniobra de Heimlich, pero me di cuenta de que, según los dibujos que yo había visto en el establecimiento de hamburguesas, no lo estaba haciendo de la forma correcta. La cara del chico estaba tomando una coloración rara. Entonces di un salto de mi asiento, lancé por los aires todo lo que había en mi bandeja, desplacé a la azafata, me puse detrás del chico, coloqué mis brazos alrededor de él y tiré con toda mi fuerza en el mismo momento en el que él parecía que se estaba desmayando. Vi con perfecta claridad cómo salía de su boca, a modo de proyectil, un pedazo de carne que casi le da en la cara a una señora mayor que estaba delante y que tenía la cabeza girada hacia nosotros, observando tan dantesco espectáculo. A continuación, el chico tosió y, poco a poco, gracias al vigor de la juventud, se fue recuperando. Mientras me daba las gracias entre tos y tos, observé que la azafata me estaba mirando como si yo fuera un extraterrestre. Entonces ella se volvió a aquel joven y le dijo: «Usted no tiene ni idea de la suerte que ha tenido viajando con este señor a su lado».

Para muchas personas esto puede ser catalogado como una simple aunque curiosa casualidad. Para mí, renunciando a cualquier intento de convencer, no lo fue, como tampoco han sido casualidades otras cosas también sorprendentes que me han ocurrido a lo largo de mi vida. Por alguna razón aquel chico no tenía que morir, y yo fui el sencillo instrumento para que esto no ocurriera. El mensaje que recibí estaba anotado en un curioso póster de un establecimiento de hamburguesas en un céntrico barrio de Nueva York.

17
Los ojos del corazón

Existe una fuerza en el Universo que, si se lo permitiéramos, fluiría a través de nosotros produciendo resultados milagrosos.

Mahatma Gandhi

Todos hemos oído hablar de un síndrome llamado trastorno de déficit de atención, que puede ir o no acompañado de hiperactividad. Los niños que lo sufren tienen una gran dificultad a la hora de atender y darse cuenta de ciertas cosas que están pasando a su alrededor. ¿Qué pasaría si todos tuviéramos este déficit de atención en aquellos asuntos que trascienden la materia? Hay muchas personas que a lo largo de la historia nos han dado algunas claves para estar más atentos a todo aquello que surge en esta dimensión. Las personas que creen en la existencia de esta dimensión del espíritu sostienen que los seres humanos somos una unidad compuesta por cuerpo y alma. Para ellas «nosotros somos espíritus corpóreos» y, al morir, desaparecerá nuestro cuerpo pero no nuestro espíritu, porque es inmortal. Aquello que es inmortal ni está sujeto ni está limitado por las leyes del espacio y del tiempo.

No cabe duda de que, si existieran en nosotros esas dos dimensiones tan diferentes, la material y la espiritual, también tendrían que existir dos tipos de necesidades distintas. Por un lado, experimentaríamos las correspondientes a nuestra dimensión material y, por otro, las derivadas de nuestra dimensión espiritual. Desatender ambas necesidades puede acarrearnos serios problemas tanto a nivel de nuestro cuerpo como a nivel de nuestra mente. Por eso dedicamos las dos etapas anteriores de nuestro viaje a conocer y comprender la dimensión de la materia, para así poder superarnos, mejorándola. En esta tercera etapa, la de trascendernos, no hay nada que mejorar ni superar porque todo es ya perfecto. Lo que sí existe es la posibilidad de descubrir, de desvelar y de comprender aquello que llena nuestra vida de sentido.

Durante una época de su vida, Sakiamuni Buda creyó que el cuerpo era como una prisión para su consciencia y, de hecho, lo sometió a tal tipo de privaciones que estuvo a punto de morir. Si no murió fue por dos razones. La primera, que una campesina, al verle tan demacrado, le alimentó a base de tazones de arroz; la segunda razón por la que el príncipe Gautama Siddharta sobrevivió fue porque él mismo se dio cuenta de su craso error.

En otro lugar del mundo, Atenas, y por la misma época, Platón sostenía que el cuerpo era la cárcel del alma, lo que implicaba que el espíritu solo podría liberarse cuando muriera el cuerpo. En su precioso mito del Auriga, Platón describe con un relato de extraordinaria belleza y simbolismo cómo el alma cayó del Cielo.

Para Aristóteles, que fue el discípulo más relevante de Platón, el alma o principio vital moría con el cuerpo. Aristóteles distinguía entre los entes inanimados, sin alma, como por ejemplo las piedras, y los entes animados, entre los que se encontraban las plantas, los animales y los seres humanos. Aristóteles hablaba del alma vegetativa, propia de las plantas, del alma animal y del alma racional, propia de los seres humanos. Recordemos que Aristóteles definía al hombre como un animal racional.

Como vemos por los ejemplos anteriores, el interés por lo espiritual es algo que se observa en muy diferentes culturas. Santo Tomás de Aquino, en el siglo XIII, decía: «El ser humano es un ser abierto al infinito». Tal vez es de esta apertura al infinito de la que hablaba el Aquinate de donde nace el anhelo por conectar con algo que está más allá del bienestar que simplemente colma los sentidos. «Quizá surja de ahí la profunda necesidad de sentir eso que no colma los sentidos porque ni siquiera puede ser percibido por ellos y que, sin embargo, sí colma el corazón».

Cruzando el umbral de la materia

Si percibimos la espiritualidad como algo vago y abstracto, o si lo vemos como algo concreto pero que solo podremos experimentar en otra posible vida, es difícil que vivamos en nuestro día a día inspirados, es decir, inmersos en el espíritu. Si existiera una dimensión espiritual aquí y ahora, una dimensión que nos ofreciera luz y guía, podría tener mucho interés el explorarla.

Algunas de las personas que han alcanzado una mayor madurez a nivel espiritual, madurez que para nada tiene que estar asociada con la edad, han hablado de que esa dimensión espiritual se manifiesta en nuestras vidas por medio de mensajes. Estos mensajes con frecuencia pasan desapercibidos para nosotros o, sencillamente, los desestimamos por considerarlos no relevantes o fruto de una extraña casualidad. «A veces se nos olvida que no suele haber casualidades, sino más bien causalidades». Las personas que se sienten guiadas por estos mensajes aceptan las cosas que les pasan en la vida porque creen que, aunque en ese momento no lo comprendan, tienen un propósito y un sentido. Tal vez todo lo que nos pasa traiga consigo una lección esencial para nuestra maduración interior. «En esos momentos difíciles que uno experimenta en la vida, qué diferente es hundirse en la oscuridad de la desesperanza o abrirse a la oscuridad del misterio».

Decía el gran psicólogo suizo Piaget que, cuando se esconde un objeto a la vista de los niños muy pequeños, para ellos el objeto ha dejado de existir. Sin embargo, al realizar esta misma prueba cuando son más mayores, ya no piensan que el objeto ha dejado de existir, sino que está escondido. A nosotros podría pasarnos lo mismo que a los niños pequeños: pensar que, porque no vemos la dimensión espiritual de la existencia, esta sencillamente no existe. ¿Qué ocurriría si estuviera solo escondida? Tal vez las personas que con los ojos de su corazón sí ven esa dimensión espiritual tengan una forma de ser diferente a la de aquellos otros que solo creen que existe lo que son capaces de percibir a través de sus sentidos físicos.

William Shakespeare expresaba esta idea en una de sus obras: «Hay más cosas entre el Cielo y la Tierra, Horacio, que las que sospecha tu filosofía».

¿Cuáles podrían ser los beneficios de creer que hay algo más?

Uno de los beneficios que podrían derivarse de un encuentro personal con la dimensión espiritual sería la posibilidad de ver las cosas con una perspectiva radicalmente diferente. Quizás esto nos ayudaría a alcanzar esa serenidad y esa ecuanimidad a la que se referían los filósofos de la Grecia clásica con su expresión «la paz del sabio».

No cabe duda de que abrirse a explorar la existencia de esta dimensión espiritual implica no solo tener una mente abierta, sino tener también el valor para ir más allá de los límites de lo que parece razonable. Hace quinientos años, pensar que la Tierra era redonda resultaba absurdo. Hace tan solo ciento cincuenta, nadie salvo figuras como Julio Verne podrían haber imaginado algo como Internet, los móviles o los viajes espaciales. De hecho, en 1899, el director de la oficina de patentes de Estados Unidos recomendaba el cierre de dicha institución por la siguiente razón: «Todo lo que puede ser inventado ya ha sido inventado». Curiosamente, hoy en día también hay algunas personas que dicen que está todo inventado, aunque bien es cierto que también hay otras que sostienen que está todo por inventar.

Lo que no tiene forma, pero las contiene a todas

Muchos maestros espirituales han hecho y hacen referencia a estas dos dimensiones de la persona: una, la dimensión de las formas, y otra, la dimensión sin forma. La primera estaría sujeta a las leyes de la materia, al contrario que la segunda. En la dimensión de las formas yo me reconocería a mí mismo por mi cuerpo, por mi forma de pensar, de sentir y de actuar. En la dimensión de las formas yo me defino a mí mismo, fundamentalmente, por aquello que yo tengo, una determinada forma física y una cierta personalidad. Tanto mi forma física como mi personalidad van experimentando cambios a medida que pasa el tiempo.

Heráclito, el gran filósofo presocrático metafísico, decía que nunca nos bañamos dos veces en el mismo río, porque todo está en proceso de constante cambio. El conflicto surge cuando nos definimos exclusivamente en base a esta dimensión e ignoramos la posible existencia de esa otra dimensión que trasciende a la materia y que sería la dimensión del espíritu. A esta dimensión se refería también otro filósofo presocrático metafísico, Parménides de Elea, cuyo *Poema del Ser* es de una belleza sobrecogedora. Parménides decía que los procesos de cambio son una pura alucinación, un simple espejismo.

Con frecuencia ambos filósofos presocráticos han sido contrapuestos, porque aparentemente mantenían posturas contradictorias. Heráclito sostenía que todo cambia y Parménides que en realidad nada cambia. ¿Qué ocurriría si ambos tuvieran razón, pero se refirieran a dos dimensiones radicalmente distintas del ser humano? Heráclito estaría hablando de la dimensión de las formas, sujeta por supuesto a las leyes del espacio y del tiempo. Un hombre, un caballo o una hormiga inevitablemente van cambiando y su forma acaba por desaparecer, volviendo sus átomos a formar parte de la Naturaleza, la cual a su vez construirá con esos átomos otras nuevas formas. Parménides se referiría a otra dimensión, a la dimensión del espíritu. Esta dimensión, careciendo de forma, no está sujeta a los cambios y es, por consiguiente, inmortal.

Por eso, los grandes maestros espirituales nos han animado a buscar en nosotros esa dimensión que se manifiesta cuando pregunto: «¿Quién soy?». Esta pregunta no puede obtener ninguna respuesta desde el intelecto, porque si respondo «Yo soy un hombre», estoy atribuyendo una forma a lo que no tiene forma. Así pues, descubrir quién soy es una experiencia inefable, es decir, que no se puede describir con palabras. Es posible recurrir al lenguaje para dar una cierta orientación, pero no para describir aquello que está más allá de las palabras y de la percepción ordinaria. En el día a día se pueden experimentar ambas dimensiones si estamos atentos a algunas claves fundamentales.

En la dimensión del espíritu, no existe el tiempo y, por consiguiente, todo se vive en un presente continuo, ya que, al no haber cambio, tampoco puede haber pasado o futuro, sino tan solo el presente. Para acceder a esta dimensión hay que prestar atención a lo que sucede aquí y ahora. Es el espacio vacío que hay entre dos pensamientos. Normalmente, uno está en lo que hace y no en lo que hizo o tendrá que hacer.

Este espacio, al que se accede a través de la meditación, es muy incómodo para muchas personas, porque se sienten perdidas si no están continuamente pensando. Ellas necesitan el ruido incesante que surge de sus cabezas y, por eso, no soportan el silencio de ese vacío que, al no tener ninguna forma, contiene todas las posibles formas. Todo lo que hace la persona que vive atrapada en la dimensión del espacio y del tiempo sirve como medio para llegar a un fin. Si camina, en lugar de estar plenamente atento a su caminar, está pensando en el lugar al que quiere llegar.

Vivir encerrados en esta dimensión es vivir encerrados en nosotros mismos. Estamos ensimismados con la imagen que tenemos de nosotros y con aquello que creemos que nos define como personas. Cuando dejamos de pensar y entramos en ese silencio, en ese vacío sin forma, nos asustamos porque pensamos que vamos a perder nuestro sentido de identidad. Ni se nos pasa por la cabeza que ese vacío que tanto nos asusta es fuente de luz. Por eso, la trascendencia es precisamente eso, salirse de uno mismo para descubrir su verdadera realidad y entonces reconocerse, esto es, volverse a conocer.

Vivimos en una caverna y no lo sabemos

La reflexión que hemos hecho puede traernos a la mente el mito de la Caverna de Platón, que nos cuenta la historia de un grupo de esclavos obligados desde niños a vivir encadenados en una cueva y mirando hacia la pared situada frente a ellos. Sobre dicha pared se proyectan las sombras que dibujan una serie de figuras que desfilan frente a una hoguera emplazada en el exterior de la cueva. Con el paso del tiempo aquellos esclavos llegaron a creer que la única realidad que existía era la dimensión de las sombras que estaban obligados a contemplar. Finalmente, un esclavo fue liberado y, al salir de la cueva, la luz cegadora del aquella fuente de luz le aterró. Solo cuando sus ojos se acostumbraron, descubrió que había otra dimensión extraordinaria en la realidad.

¡Qué desafío ha de ser para el que antes era esclavo y ahora es libre volver al interior de la cueva y relatar lo que ha visto y experimentado! ¿Dónde encontrará las palabras para expresar su experiencia a aquellos que siguen cautivos de su forma de percibir la realidad?

Las siguientes palabras pueden dar mucho que pensar; fueron pronunciadas por Nelson Mandela en su discurso de investidura como presidente de Sudáfrica. La autora es la gran escritora estadounidense Marianne Williamson. El presidente Mandela las utilizó magistralmente para transmitir lo que para él era la misión de su vida como hombre y como presidente: la reconciliación.

> Nuestro miedo más profundo no es que seamos inadecuados. Nuestro miedo más profundo es que somos inmensamente poderosos.
>
> Es nuestra luz, y no la oscuridad, lo que más nos asusta.
>
> Nos preguntamos: ¿Quién soy yo para ser brillante, precioso, lleno de talento?

> En realidad, ¿quién eres tú para no serlo?
>
> Eres hijo de Dios. Jugar a ser pequeño no sirve al mundo.
>
> No hay nada iluminador en encogerte para que otras personas cerca de ti no se sientan inseguras.
>
> Nacemos para hacer manifiesta la gloria del Universo que está dentro de nosotros. Esto no está en algunos, sino que está en todos nosotros.
>
> A medida que nos permitimos que nuestra luz se irradie, inconscientemente estamos permitiendo que otras personas hagan lo mismo.
>
> Al liberarnos de nuestro miedo, nuestra sola presencia libera a otros.

Lo que nos parece imposible cuando vivimos en «el mundo de las sombras» no lo es cuando nuestra consciencia ha despertado de su letargo, de su sueño, de su propio drama existencial.

Tal vez por eso Albert Einstein decía que ningún problema importante podía ser resuelto en el mismo nivel de pensamiento en el que surgió. Muchos de nuestros conflictos y desavenencias, todo aquello que nos divide y nos separa, todos nuestros miedos y nuestras inseguridades, toda nuestra fragilidad y vulnerabilidad y toda sensación de impotencia y desesperación podrían ser la consecuencia de vivir atrapados en esta «caverna» que nos impide percibir lo que hay más allá.

Las necesidades de la materia y las del espíritu

Hemos de respetar nuestras necesidades materiales, psicológicas y emocionales. Por eso hemos de cuidar de nosotros haciendo todo lo que sea preciso para cubrirlas. Si además nos abrimos a la posibilidad de que también hay una dimensión espiritual, entonces también hemos de respetar nuestras necesidades espirituales. Estas necesidades se pueden resumir en una: amar y ser amado.

Un mundo más allá de las palabras

Abrirse a la dimensión espiritual implica crear un espacio para la vida contemplativa. La vida contemplativa es la propia de quien está en el presente y no de quien utiliza el presente exclusivamente como medio para llegar al futuro. «Esto es lo que permite que nuestra forma de ser y de estar en el mundo esté inspirada por lo que realmente somos y no determinada por lo que creemos ser». De esta forma nos damos cuenta de que las capacidades que ahora tenemos son solo sombras de nuestra verdadera naturaleza. Sería como si en aquellos momentos de especial dificultad se pusiera en marcha una inteligencia muy diferente y superior a aquella a la que estamos acostumbrados. Nosotros no somos realmente conscientes de nuestra propia grandeza, como tampoco es consciente de su propia belleza la preciosa flor que contemplamos.

Nosotros solo podemos poner nombres y etiquetas a aquello que tiene forma, sea un pensamiento o un objeto material, pero no a lo que es vasto y sin forma. Las etiquetas y los conceptos que utilizamos pueden referirse a cosas vivas y en movimiento y, sin embargo, en sí mismos son estructuras congeladas y sin dinamismo alguno. Sería algo así como si tuviéramos la fotografía de una persona y pensáramos que capta y recoge perfectamente todo lo que la persona es. Encerrados en esta creencia, nos relacionaríamos con ella sin abrirnos a la posibilidad de que nos comunique todas las dimensiones de su ser, reduciendo nuestra capacidad de percibirla solo a través de su imagen. Así, no es la fotografía la que se transforma en contacto con la persona, sino que es la persona la que se achica para caber en los estrechos márgenes de la fotografía. «Por eso no vemos lo que es, sino la imagen que nosotros tenemos de lo que es».

Por eso, la felicidad no se encontraría cubriendo exclusivamente las necesidades del plano de las formas. Por más que tengamos y acumulemos, no por eso vamos a experimentar más esa felicidad que añoramos. La persona que tiene dos millones de euros no tiene que ser necesariamente el doble de feliz que la que tiene un millón de euros. Un pequeño dato en este sentido: «En los últimos cincuenta años, la prosperidad económica se ha disparado y, sin embargo, los índices de felicidad percibida apenas se han elevado».

Tal vez nosotros ya somos felices, pero no lo sabemos. Tal vez la felicidad consista en darse cuenta de esa dimensión espiritual e inmortal que es la que de verdad nos define. Por eso, no es algo que conseguimos, sino algo que ya nos califica en nuestra esencia más profunda y que nosotros hemos de cultivar para que florezca y despliegue todo su potencial.

Es ese descubrimiento de que lo que nos define no es que tenemos una vida, sino que somos Vida y que esa Vida se está manifestando en nosotros de una forma determinada. Tal vez seamos el Universo experimentándose a sí mismo como una persona concreta, como tú y como yo. Eso es lo que somos más allá del mundo de las formas con el que nos hemos identificado. «Nosotros no podemos definir con palabras lo que en realidad somos, lo que sí podemos hacer es experimentarlo». Cuando somos capaces de reconocer en nosotros esa realidad preciosa, podemos también reconocerla en los demás seres, porque, si bien hay múltiples formas, en ese espacio vasto y sin forma todo es uno. De aquí nace el amor, del reconocimiento de que nada es distinto y distante, sino tan íntimo como nosotros mismos.

La pregunta más importante

Decía Albert Einstein que la pregunta más importante que cada uno de nosotros hemos de responder es:

«¿Estoy en un Universo amigable o en un Universo hostil?». Si la respuesta que damos es que nuestro Universo no es amigable, entonces lo lógico es que nos sintamos pequeños y permanentemente amenazados. Sin embargo, si pensamos que sí lo es, que el Universo es amigable, viviremos más tranquilos y más serenos, conscientes, como decía Paulo Coelho, de que «el Universo confabula a nuestro favor».

Hoy ya sabemos que vivir en un estado de tensión permanente ofusca nuestras capacidades mentales y daña severamente nuestro cuerpo. Al sentirnos pequeños y a merced de las circunstancias, nos obsesionamos con convertirnos en personas importantes y con poder. Es así como obtenemos la significancia y la sensación de control que tan valoradas son cuando uno se siente tan perdido. Sin embargo, cuando uno se fía más de la Vida porque reconoce en ella una Inteligencia y un Amor inigualables, ya no vive más con angustia, sino con calma, serenidad y confianza, sabiendo que nunca está solo.

Cuando despertamos del mundo de las formas, es como si saliéramos de la caverna de las sombras y escapáramos de las garras del miedo. Es así como dejamos de esperar que el mundo nos dé lo que no nos puede dar, que no es otra cosa que la experiencia de quiénes somos en realidad. «Cuando somos capaces de mirar más allá del mundo de las formas, que es el mundo de las apariencias, entonces vemos la intrínseca belleza y perfección de todo lo existente». Todos nuestros juicios se encuentran en el mundo de las formas. En el mundo sin forma no existen juicios, simplemente consciencia. Cuando sentimos que alguien no nos juzga, sino que nos mira como se mira a aquello que se ve como precioso, algo empieza a despertar dentro de nosotros. Cuando estamos alineados con el Universo, se abre en nosotros un espacio para que el Universo, con Su sabiduría, Su energía, Su creatividad y Su fuerza ilimitada, pueda actuar a través de nosotros guiando nuestros pasos en medio de la dificultad y de la oscuridad.

18
Se puede vivir de otra manera

Existe un momento en el camino espiritual en el que empiezas a tomar tus decisiones desde un lugar diferente. Cuando estas decisiones favorecen la salud, la sabiduría, la verdad y el amor, es porque tus decisiones fueron las correctas.

Ángeles Arrien

A medida que nuestra vida interior se enriquece, también se transforma nuestra percepción, nuestra forma de pensar, de sentir y de actuar. Ya no vemos las cosas como las veíamos antes. Es como si el enriquecimiento de nuestra vida interior nos permitiera ahora ver en las cosas dimensiones que antes se nos escapaban.

Descartes sostenía la existencia de dos mundos separados. Para él, el mundo de la materia, la *res extensa,* y el mundo del espíritu, la *res cogitans,* no se entremezclaban. Es el conocido dualismo cartesiano. Sin embargo, como ya hemos visto, muchas tradiciones, tanto de Oriente como de Occidente, sostienen que somos una unidad en la que las dimensiones espiritual y material están profundamente conectadas. Hablaríamos entonces de un mundo dual y no de un mundo dualista. En un mundo dual, los planos material y espiritual se pueden distinguir, pero no se pueden separar.

Cuando nos encontramos con una persona que ha alcanzado lo que llamamos verdadera sabiduría, notamos que esa persona irradia algo especial. Hay una especie de energía peculiar que emana de su sola presencia. Todo aquello que expresa tiene una sencillez, una madurez y una profundidad que sorprenden y que en nada se parece a lo que expresan aquellas personas que, hablando de una manera oscura, pretenden dar la impresión de que lo que dicen es profundo.

Quienes han alcanzado una madurez espiritual no están permanentemente a la defensiva, porque se han dado cuenta de algo importante: que la protección que les ofrece su ego no es sino una dañina ficción. Con su deseo de mantener una sensación de control y con su búsqueda de una constante significancia, el ego intenta apartarnos de algo que es obvio.

La vida es un proceso en constante cambio y, por tanto, la *impermanencia* de las cosas es una aplastante realidad. Además, la valoración que uno recibe de los demás puede ser más variable que los cambios de tiempo. Por eso, la persona que hace trabajo interior busca ese espacio del que tanto hablaba Parménides de Elea, el espacio del espíritu, un espacio que está libre de todo cambio, ya que está fuera del tiempo y del espacio físico.

No hay nada que pueda impactar más que eso que somos en nuestra más profunda realidad irradiando a través de nuestro cuerpo y de nuestros pensamientos. Nuestro ego, que no es más que nuestra ficción de una separación con la Vida, es incapaz de entender el mundo del espíritu. Por eso calma su necesidad de control, seguridad y significancia relacionándose con el mundo de la materia, el único que puede llegar a conocer y que, además, le permite afianzar ante nuestra consciencia la idea de la separación. De aquí nace su afán de posesión, ya que cuanto más posea más sensación de control tendrá y más significancia obtendrá de aquellas personas que también viven identificadas con sus egos.

Resulta sorprendente que toda nuestra forma de percibir, de pensar, de sentir y de actuar pueda tener lugar a través de nuestro ego y no de nuestro espíritu. Por eso, esta inautenticidad se refleja en casi todas nuestras manifestaciones. Si queremos a alguien, lo hacemos para obtener algo a cambio, sea seguridad o sea reconocimiento. Si contribuimos a una labor social, lo hacemos para ganar relevancia ante otros o para sentirnos valiosos e importantes. Quien sabe en lo más profundo de su ser que es valioso no necesita sentirse valioso a cada instante. Al no ser el ego más que una creencia de que estamos separados del resto del mundo y que nos hallamos solos y en peligro, está permanentemente comparándose y a la defensiva. Al no fiarse de la Vida, ve peligros en todas partes y, cuando no los hay, se los inventa.

«Cuanto más identificados estemos con nuestro ego, más asustados viviremos y más agresivos nos volveremos». Sin embargo, haremos todo lo que haga falta y nos pondremos todas las caretas que podamos fabricar para ocultar nuestra inseguridad y nuestro miedo. Lo opuesto al miedo siempre es el amor. Quien ama de verdad a los demás no se siente amenazado y por eso no tiene miedo. Como decía Krishnamurti, «el ego está vacío de amor y el amor está vacío de ego».

Un conflicto ineludible

El ser humano está permanentemente en conflicto consigo mismo, porque, como ya hemos visto, dentro de la unidad que somos, cada una de las dos dimensiones, la material y la espiritual, tienen necesidades muy diferentes. La dimensión material, que es la única que puede observar y conocer el ego, necesita estabilidad, control, significancia y pertenencia. Sin embargo, la dimensión espiritual tiene necesidades muy diferentes. Para el espíritu no es preciso encontrar la estabilidad y el control, ya que sabe que es inmortal. Tampoco le preocupa ser valorado o considerado importante, ya que sencillamente sabe que su valor es indiscutible. En lo que respecta a la pertenencia, el espíritu ni se lo plantea, ya que es incapaz de captar ninguna separación entre las cosas. Lo que el espíritu valora, lo que necesita y a lo que tiende es al crecimiento y la evolución de la persona en su conjunto. Solo así se puede despertar del sueño de la separación y avanzar hacia la propia plenitud.

Cuando una persona descubre que la idea de la separación es un espejismo, comienza a contribuir para que también otras personas se sientan inspiradas —esto es, movidas por el espíritu— y puedan despertar de su propio sueño. Por todo ello, porque la felicidad se experimenta cuando recuperamos el sentido de la unidad, hemos de aprender a generar puentes entre nosotros y a ocuparnos más unos de otros. Es ahí donde está la base de la cooperación y la auténtica solidaridad.

DEL «YO» Y EL «TÚ», AL «NOSOTROS»

«Toda persona que es agresiva en su comportamiento lo es porque sufre». Su conducta no refleja otra cosa que sus sentimientos de confusión, desconfianza y soledad, que son con frecuencia resultado de experiencias pasadas no resueltas. Estas experiencias le hacen sentir que está en un mundo al que no pertenece y al que jamás se podrá adaptar. Por eso la *compasión* es una virtud tan importante, porque implica, por una parte, una comprensión de que esa persona sufre y, por otra, un deseo de ayudarla a eliminar ese sufrimiento. Vemos que, cuando media la compasión, llegamos a un planteamiento ante el conflicto interpersonal completamente distinto.

Ahora, «hemos sustituido el deseo de vengarnos de esa persona que nos ha ofendido por el deseo de ayudarla». No cabe duda de que el desarrollo de la virtud de la compasión implica un trabajo exigente con uno mismo para abrir poco a poco ese espacio de libertad que es el que nos va a permitir responder voluntariamente en lugar de reaccionar de manera automática.

Hay algo profundo que sorprende a la otra persona cuando nuestros ojos, nuestro tono de voz, nuestros gestos y nuestras acciones están expresando interés y cercanía. En este sentido, me parecen de una gran belleza las palabras pronunciadas por Martin Luther King, Jr.:

> Esta mañana, cuando os miro a los ojos y miro a los ojos de todos mis hermanos en Alabama, en América y en el mundo entero, yo os digo que os quiero y que preferiría morirme a tener que odiaros. Soy lo suficientemente ingenuo para creer que el poder de este amor es capaz de transformar en algún lugar hasta la persona más recalcitrante.

Con gran elocuencia, este hombre tan excepcional se refería a ese hilo invisible que a todos nos conecta. Es cuando este hilo, esta conexión se debilita, cuando más distantes vemos a los demás, cuando más solos nos sentimos y cuando más miedo tenemos. Recordemos que no puede existir felicidad sin el otro, no puede haber trascendencia sin tener presente al otro. La felicidad es el gozo interior, fruto del encuentro. Por eso, te propongo, aunque sé que no es fácil, que intentemos ver más allá de lo que las personas expresan con sus palabras y sus conductas. Se trata de entender lo que hay detrás de las apariencias. No buscamos estar de acuerdo a lo que hace alguien, sino simplemente escuchar, comprender y conectar. No hay manera de establecer puentes si solo nos fijamos en la distancia que nos separa. Sé que hay personas que no nos lo van a poner fácil, pero esas personas se convierten por ello en nuestros maestros. Son ellos los que nos van a obligar a esforzarnos, a estirarnos para crecer en nuestra capacidad de empatizar, conectar e influir, y amar.

El amor auténtico no consiste en querer a alguien porque es de la forma de ser que a mí me agrada, sino en querer a alguien por quién es y no por cómo es. Si reflexionamos un poco, nos daremos cuenta de que, cuando intentamos cambiar a alguien porque tiene una forma de ser que no nos gusta, lejos de obtener lo que queremos, conseguimos el efecto contrario. Esto es lo mismo que decir que lo que se resiste, persiste. Sin embargo, cuando, independientemente de la forma de ser de alguien, le seguimos tratando con respeto, benevolencia, compasión y firmeza sin dureza, esa persona puede darse cuenta por ella misma de hasta qué punto necesita cambiar ciertos aspectos de su forma de ser.

Cuando creas un nuevo corazón dentro de ti, para el mundo tú puedes seguir siendo solo una persona, pero para una persona tú puedes ser ahora todo su mundo.

Epílogo

Querido lector, querida lectora, muchas gracias por haberme acompañado a lo largo de estas páginas y por haberme permitido entrar en tu vida. En *El cociente agallas* he intentado transmitir una sola idea: la mejor inversión que cualquiera de nosotros podemos hacer es fomentar nuestra salud, mantener nuestro equilibrio y ser más conscientes de la grandeza con la que nacimos. En el fondo, se trata de aprender a cuidar de nosotros mismos para así poder cuidar de otros. Invertir en uno mismo y apostar por uno no es un gesto de egoísmo, sino de inteligencia. Nadie puede dar de lo que no tiene. La única manera de crear entornos ilusionantes y confiados es que nosotros seamos fuente de ello, viviendo ilusionados y llenos de confianza. No importa si estamos en un desierto; basta un poco de lluvia para que ese desierto empiece a florecer. Cada uno de nosotros podemos ser esa lluvia tan necesaria.

El mundo necesita personas que irradien vitalidad, serenidad, alegría y confianza. Si la depresión es contagiosa, también el entusiasmo lo es. Cada uno ha de elegir cómo quiere vivir los distintos momentos que marcan su existencia. Ya no nos convencen las palabras, solo nos inspira el ejemplo.

La verdadera riqueza es la riqueza interior. Aunque todos poseamos una mina de diamantes, no todos están dispuestos a picar para extraer de la tierra aquello que es tan valioso. Por eso, la pregunta clave no es si puedes ser más feliz, sino si estás dispuesto a serlo.

Hasta siempre.

DR. MARIO ALONSO PUIG

Agradecimientos

Son tantas las personas a las que quisiera mostrar mi agradecimiento y mi entrañable recuerdo que necesitaría todo un libro para ello. Por eso ruego que con la intención de no extenderme demasiado, se me disculpe al no poner a tantos que, sin duda, por mí hicieron tanto. Dicho esto, quiero expresar una especial gratitud a una serie de personas e instituciones:

A Isabela, la compañera de mi vida, y a mis hijos Mario, Joaquín y Borja, por ayudarme con sus enseñanzas a ser mejor cada día.

A mi madre María Celia, por ser para mí un verdadero ejemplo de coraje, entrega, vitalidad y bondad.

A mis mejores amigos, mis hermanos José María, Manuel, Fernando, Juan Ignacio y Alejandro, por haber estado siempre ahí donde les he necesitado.

A la memoria de mi padre, José María Alonso Ortiz, de Joaquín Lluch, de Pablo Antoñanzas y de Idoia Santamaría, seres extraordinarios que siempre formarán parte de mi vida.

A toda mi familia y a mis amigos por su afecto y apoyo.

Quiero manifestar un especial agradecimiento a Jaime y Javier Antoñanzas, de Comunica+A, a Paris de L'Etraz, a Gerardo Seeliguer, a Ian Triay, a Fernando Fernández, A Jesús Valderrábano, a Salvador Torres y a Ángel Sánchez-Palencia Martí, todos ellos magníficos amigos que tienen la generosidad de compartir conmigo sus grandes talentos y su enorme experiencia.

Al fabuloso equipo de *El Hormiguero,* y muy especialmente a Pablo Motos y Jorge Salvador, por crear cada noche un programa lleno de ciencia, magia, humor e inspiración.

A todo el equipo de *La Mañana* de Javi Nieves, de la COPE, por informar con tanta profesionalidad y cercanía.

Al Canal 24h y, especialmente, a Sergio Martín.

Al equipo de «Alma, Corazón y Vida» de *El Confidencial.*

A Richard Davidson, António Damásio, Álvaro Pascual-Leone y Daniel Goleman, por sus enseñanzas y por ser para mí unos referentes tan grandes en el mundo de la Neurociencia.

A mis muy queridos amigos y compañeros de LOGRA, Juan Mateo, Álex Rovira e Inma Puig, por hacer que nuestra colaboración sea tan apasionante, divertida, agradable y sencilla.

A Juan Antonio de Carlos, investigador del Instituto Cajal, por mantener tan viva la llama de don Santiago Ramón y Cajal.

Al equipo de Espasa y, en especial, a su directora general, Ana Rosa Semprún, por acoger este libro en su editorial.

A Jordi Nadal y a todo su equipo por su cariño y buen hacer a lo largo de los años.

A Spain Startup and Investor Summit, Schiller University, Instituto de Empresa, Fundación CEDE, Universidad Francisco de Vitoria, EBS, Centro Europeo de Estudios y Formación Empresarial Garrigues, ESADE, Deusto Business School, El Ser Creativo, APD, WOBI y BCC, por su búsqueda de la excelencia.

Meditación del corazón

Aprender a querernos más

Si quieres recibir este audio creado por el doctor Mario Alonso Puig activa este código QR y lo recibirás en tu correo electrónico.

Acerca del autor

Mario Alonso Puig es médico, especialista en cirugía general y del aparato digestivo, *chairman* del Center for Health, Well-Being de la IE University, *fellow* en Cirugía por la Universidad de Harvard (Boston), ITP por el IMD de Lausana, certificado en *coaching* sistémico por el Instituto Tavistock de Londres y en hipnosis ericksoniana por el Instituto Milton Erickson de Scottsdale (Arizona). Se formó en Medicina Mente-Cuerpo en la Universidad de Harvard, en MBSR (*Mindfulness Based Stress Reduction*) en el Center for Mindfulness de UMass Memorial Health, y trabajó durante dos años en el Instituto de Ciencias Neurológicas de Madrid.

Da conferencias en congresos, hospitales, empresas e instituciones en los cinco continentes, y es patrono de honor de la Fundación Juegaterapia y embajador de Manos Unidas.

Su trabajo ha sido reconocido con varios galardones, entre ellos el Premio Optimistas Comprometidos en la categoría de Transformación Social, y el Premio Cambio16 en la categoría Cambio de Conciencia. Es autor de 12 libros.